O DESPERTAR DA HUMANIDADE

BENJAMIN CREME

Tradução: Thiago Staibano Alves

Fundação Share International
Amsterdã – Londres – Los Angeles

The Awakening of Humanity
Direitos Autorais © 2017 Benjamin Creme, Londres
Publicado pela Fundação Share International
Todos os direitos reservados
Primeira impressão em inglês em 2008

ISBN 13: 978-94-91732-09-6

Primeira Edição em Português, 2017

A imagem reproduzida na capa – **Deva de cor Flamejante** *– foi pintada por Benjamin Creme entre 1976 e 1977. As evoluções Deva ou Angélica são paralelas àquela da humana, e são infinitas em variedade e cores, do sub-humano ao super-humano. Muitos trabalham em uma relação direta com a humanidade na cura e proteção.*

Benjamin Creme

Este livro é dedicado ao meu
reverenciado Mestre Cuja inspiração
o tornou possível.

TABELA DE CONTEÚDOS

PREFÁCIO 1
SERVIR NOVAMENTE
  (pelo Mestre de Benjamin Creme)..........................5
O DESPERTAR DA HUMANIDADE...............................8
    Kali Yuga... 8
    Propósito e significado..14
    Alegria...15
    Auto-estima...19
    Espírito de Santidade..22
    Reabilitação...23
    Humilde Orgulho 31
PERGUNTAS E RESPOSTAS......................................32
    EMERGÊNCIA DE MAITREYA 32
    COMO MAITREYA E OS MESTRES TRABALHAM?..... 53
    O QUE NÓS DEVEMOS FAZER? 72
    MENSAGEM DE MAITREYA 90
    ESTUDO E PRÁTICA DOS ENSINAMENTOS................ 91
    OS EVENTOS ESPERADOS 101
    MENSAGEM DE MAITREYA 109
OS PRIMEIROS PASSOS
  (pelo Mestre de Benjamin Creme)............................110
O FILHO DO HOMEM
  (pelo Mestre de Benjamin Creme)............................112
PADRÕES DE LUZ (fotographia).................................116
A "MÃO" DE MAITREYA (fotographia).......................118
MEDITAÇÃO DE TRANSMISSÃO 120
A GRANDE INVOCAÇÃO 122
A ORAÇÃO PARA A NOVA ERA................................123
GLOSSÁRIO DE TERMOS ESOTÉRICOS..................124
LIVROS POR BENJAMIN CREME 135
SHARE INTERNATIONAL..148
SOBRE O AUTOR...150

PREFÁCIO

O *Despertar da Humanidade* pretende ser um volume companheiro do *O Instrutor do Mundo para Toda A Humanidade*, publicado em 2007. Aquele livro focou-se na natureza de Maitreya, o Instrutor do Mundo: Sua extraordinária capacidade de expressar as qualidades da sabedoria e amor como um grande Avatar Espiritual, assim como um amigo e irmão para todos nós.

    O Despertar da Humanidade foca-se no dia quando Maitreya Se declarar abertamente como o Instrutor do Mundo para a era de Aquário. Em Seu artigo "Servir Novamente", reimpresso neste livro, meu Mestre descreve de forma emocionante, a reação esperada da humanidade neste dia. Meu comentário sobre o artigo do Mestre segue-se. Embora o artigo do Mestre e meu comentário tenham sido publicados anteriormente em *Maitreya's Mission Volume Three*, Capítulo 3, nós o reimprimimos aqui de forma a atrair a atenção dos leitores uma vez mais a este evento sem precedentes na história humana. As perguntas e respostas que seguem se relacionam ao processo da emergência de Maitreya e o Dia da Declaração, assim como aos temas levantados no artigo do Mestre. A maioria das perguntas são tiradas de edições anteriores da revista *Share International* e, com algumas poucas exceções, não foram publicadas em livros anteriores.

    Leitores são encorajados a ler "Maitreya's Priorities", Capítulo 1 de *Maitreya's Mission, Volume Three*, para uma discussão mais detalhada das prioridades que Maitreya está defendendo, assim como a natureza extraordinária de Seu trabalho.

    Meu relato do Dia da Declaração é retirado de minha palestra em Tóquio em 2007, e está impresso abaixo. Para uma compreensão mais profunda do plano de fundo desta história, por favor, dirijam-se à Visão Geral em *O Instrutor do Mundo para Toda A Humanidade*.

Dia da Declaração

Quando os mercados de ações entrarem em colapso – assim que for óbvio que eles estão em seu mergulho final – Maitreya irá emergir. Ele aceitará um convite para aparecer em uma grande rede de televisão nos Estados Unidos. O convite já foi feito, mas Maitreya determinará o momento da entrevista. Depois da entrevista inicial, todas as redes irão querer entrevistá-Lo. No entanto, Ele não será introduzido como Maitreya ou o Cristo, mas simplesmente como um homem de extraordinária sabedoria e amor.

Maitreya não vem como um instrutor religioso, mas como um instrutor espiritual. Nós precisamos ampliar nossa idéia do que "espiritual" é. Nós precisamos espiritualizar cada aspecto de nossas vidas.

O problema é a comercialização de todos os aspectos de nossa vida. Nós o dizemos em três palavras – forças de mercado. Forças de mercado são a desculpa para tudo o que nós fazemos. Maitreya diz que a comercialização é mais perigosa ao mundo do que uma bomba atômica.

Quando nós partilhamos os produtos do mundo de forma mais igualitária, nós em um só golpe tornamos a guerra e o terrorismo uma coisa do passado. Nós criamos as condições para confiança. Quando nós temos confiança, nós podemos nos sentar e descobrir a resposta para cada problema.

Assim Maitreya falará. Procure por tal homem falando nesses termos, de forma muito mais eloqüente e simples do que eu fiz. Se você acredita que Ele está falando a verdade, faça do seu trabalho o primeiro a mudar, o primeiro a sacrificar-se.

Quando pessoas o suficiente estiverem seguindo, não Maitreya, mas os pensamentos, as idéias, o conselho de Maitreya, Ele será convidado a falar com o mundo inteiro no que nós chamaremos de o Dia da Declaração. Neste dia, Maitreya aparecerá nos aparelhos de televisão de todos ao mesmo tempo através do mundo. Ele se encaminhará ao mundo, mas não irá realmente falar.

Maitreya é onisciente e onipresente, e criará durante este momento, um contato telepático com cada adulto no mundo. Todos ouvirão os pensamentos de Maitreya, Suas idéias, Suas esperanças, Seus planos para o futuro, telepaticamente, internamente em sua própria língua. Os Japoneses o ouvirão em Japonês, os Franceses em Francês, os Alemães em Alemão, os Chineses em Chinês, e por aí vai. Ele falará à humanidade sobre ela mesma, sobre o quão velhos nós somos, por quanto tempo nós estivemos evoluindo até este ponto relativo (não tão alto como nós pensamos). Ele nos mostrará o que está adiante, a ciência do futuro.

Maitreya mostrará o alto nível do qual nós caímos, para a mediocridade do materialismo de hoje. E Ele mostrará o caminho adiante, através da aceitação do princípio da partilha, declarando nosso sentido de uma fraternidade e irmandade da humanidade, nos permitindo andar novamente no caminho espiritual, o caminho que leva não à competição, mas para unicidade.

É quanto a isso que se trata a Nova Era, a Era da Síntese. Síntese significa união e criação de unicidade, uma unidade de partes diferentes. Você descobrirá que este é o objetivo do processo evolucionário: unidade na diversidade, a maior diversidade na totalidade da unidade.

Enquanto Ele estiver falando, a energia de Maitreya fluirá em tremenda potência através dos corações de toda a humanidade. Isto evocará uma intuitiva, uma resposta de coração à mensagem. No plano físico, ocorrerão centenas de milhares de milagres de cura espontâneos ao redor do mundo. Destas três formas você descobrirá que Aquele, e apenas Ele, é o Buda Maitreya, o Cristo, o Imam Mahdi, Avatar Kalki, Krishna, Messias, seja lá por qual nome Ele é procurado e aguardado. Este dia definirá o futuro inteiro da humanidade.

Benjamin Creme
Londres, Março de 2008

"Logo o mundo saberá do Esplendor em seu meio. Logo os homens chorarão de alegria pela Sua aparição. Logo, também, eles tomarão sobre si mesmos a tarefa de socorrer, restabelecer a verdadeira unidade dos homens. Assim será."

(Do artigo, "O Grande Senhor emerge" pelo Mestre —)

SERVIR NOVAMENTE

pelo Mestre —, através de Benjamin Creme

Já que o tempo é curto de fato até que a humanidade veja o Cristo, seria sábio considerar, de certa forma, as prováveis repercussões deste evento momentoso. Primeiramente, os homens irão despertar para uma nova situação, uma totalmente desconhecida e estranha: nada similar terá sido a experiência de ninguém vivo; ninguém, em nenhum lugar terá ouvido antes os pensamentos transmitidos neste dia dos dias. Nunca antes, os homens ouviram o chamado à suas divindades internas, o desafio para suas presenças aqui na Terra. Cada um, isoladamente, e solenemente sozinho, saberá naquele momento o propósito e significado de suas vidas, experienciarão novamente a benção da infância, a pureza da aspiração purificada do ser. Por esses preciosos minutos, os homens saberão de novo a alegria da total participação nas realidades da Vida, se sentirão conectados um ao outro, como a memória de um distante passado.

Repentinamente, os homens irão perceber que suas vidas até agora foram coisas vazias, tendo falta, na maioria, das coisas que tornam a vida querida: fraternidade e justiça, criatividade e amor. Muitos saberão pela primeira vez que eles contam, que eles importam no esquema das coisas. Um sentimento desconhecido de auto-estima irá substituir suas presentes faltas de esperança; drogas de todos os tipos cessarão com seus domínios sobre os homens. Calmamente, as lágrimas dos homens fluirão em humilde gratidão e desejo pelo bem.

Deste momento em diante, um novo espírito de santidade irá prevalecer sobre a Terra; os homens andarão nas pontas dos pés por um tempo. Logo, no entanto, os homens perceberão que as mudanças necessárias no mundo são vastas, diversas, precisando de paciência e dedicação, imaginação e confiança. Em pouco tempo, homens em todos os lugares irão se engajar no trabalho de reconstrução, a reabilitação do mundo. Socorro aos pobres e famintos, levará ao orgulho, e assim terminará para sempre com uma blasfêmia no meio dos homens: milhões conhecerão pela primeira fez a calma felicidade da necessidade satisfeita – não mais as formas moribundas dos famintos envergonharão os olhos dos ricos; não mais os homens verão seus irmãos morrendo diante de seu olhos. Assim terminará um capítulo negro na história da raça.

Mudanças, inigualáveis em extensão, engajarão as mentes e corações dos homens; nada a não ser o melhor do passado irá prevalecer contra a investida do novo. Diariamente, as transformações serão gravadas para os homens compararem e admirarem; um novo mundo será construído na flamejante luz do dia. Todos irão, de sua forma, participarem, cada um irá adicionar sua visão e contribuição ao todo.

Para muitos, a própria presença do Cristo irá constituir um problema – suas há muito mantidas crenças serão abaladas até o núcleo. Para eles, um período de procura de coração será inevitável, conforme eles procurarem entender o significado da nova mensagem; antigas crenças são duras de morrer e machucam amargamente no processo. Mesmo assim, milhões irão responder com um coração alegre, felizes em aceitar o Instrutor no meio deles. Poucos, em tempo, se erguerão contra o reconhecimento comum de que o Cristo, na pessoa de Maitreya, caminha mais uma vez na Terra.

Aqueles relativamente poucos que lideraram o caminho em preparação para este momento encontrarão sendo-lhes oferecido outro campo de serviço; um esforço educacional vasto em alcance. De todos os lados virão as solicitações; uma grande fome por conhecimento, como um rio represado, fluirá e estourará seus diques. Muitos procurarão saber o plano de fundo e história deste evento; para outros, o futuro imediato será a principal preocupação. Ainda, outros sentirão a necessidade de analisarem e questionarem cada explicação, não satisfeitos no final com nada a não ser suas próprias crenças. Persuasão e tato, portanto, devem ser a ordem do dia, afim de se evitar o ataque da intolerância e orgulho. Sociedades ao redor do mundo, exercerão seus papéis, garantido a ampla disseminação dos ensinamentos necessários. Muito ainda resta ser dado, mas, já muito permanece não aberto e não lido nas mãos dos homens. Esforço o conselho é, a se incentivar o hábito de ler muito, assim de forma a informar e guiar os buscadores no caminho. Estudo sistemático dos ensinamentos, e as mais sinceras tentativas de viver os preceitos de Maitreya, darão o equilíbrio e autoridade necessários com os quais se ensinar. Cada um, assim equipado, pode se aproveitar desta oportunidade em servir novamente. Tome-a, o conselho é, com espontaneidade e humilde orgulho.

A Master Speaks, pg.274

*Este artigo pelo Mestre de Benjamin Creme foi primeiro publicado na revista *Share International* e depois publicado no livro *A Master Speaks* (terceira edição expandida, 2004).

O DESPERTAR DA HUMANIDADE

O seguinte artigo é uma versão editada da palestra de Benjamin Creme dada durante a Conferência de Meditação de Transmissão em Julho de 1994 em São Francisco, EUA.

Kali Yuga

"Primeiramente, os homens irão despertar para uma nova situação, uma totalmente desconhecida e estranha: nada similar terá sido a experiência de ninguém vivo."

Eu não sei se vocês já pensaram quanto a isso, mas isso é manifestamente verdade. Quando Maitreya falar como o Instrutor do Mundo para a nova era, iluminando a humanidade com certas idéias que, como estudantes da tradição esotérica, nós vemos como verdade e com as quais nós nos familiarizamos no processo de tornar conhecida Sua presença, a maioria das pessoas terão uma revelação extraordinária.

O mundo como um todo não sabe que a Hierarquia existe. Ele ouviu que o Cristo existe, mas vivendo no paraíso em algum lugar remoto do céu – esperando até o fim do mundo para retornar em uma nuvem. Isso, como vocês sabem, é a expectativa geral do Cristão ortodoxo. As outras religiões têm seus cenários igualmente improváveis para a vinda do Instrutor em nosso meio. Mulçumanos estão aguardando o Imam Mahdi Que, semelhantemente, pode vir apenas no Dia do Julgamento, novamente no fim do mundo; e em Damasco, o "centro do mundo", ao meio-dia, quando Ele aparecerá repentinamente e dirá: "Eu vim. Dê-Me pão. Dê-Me roupas." Hindus têm sua própria interpretação, aguardando o Avatar Kalki ou o retorno de Krishna, no final da Kali Yuga.

Eu ouvi outro dia que Sai Baba [um grande Avatar que vive no sul da Índia Que trabalha de forma muito próxima com Maitreya] tinha anunciado recentemente que a Kali Yuga tinha acabado, que ela estava chegando agora a um final. Eu pensei que ele tinha dito isso vários anos atrás, e nós publicamos isso na *Share International*, mas nós sempre estamos à frente dos eventos! Meu Mestre afirmou, como Swami Premanada, que a Kali Yuga estava de fato terminando e nós publicamos isso ao mesmo tempo.

No entanto, houve um rumor, como sempre, vindo de Puttaparti, que Sai Baba tinha dito que a Kali Yuga tinha agora terminado, e que esta semana, da segunda-feira, 18, até sexta-feira, 22 de Julho de 1994, era um dos mais importantes períodos na vida desta Terra. Ele não, até onde eu sei, foi tão longe à explicar o porque de ser tão importante, porque ele era tão crucial. Eu chequei isso, é lógico, com minha própria fonte de informação. De fato, ao que Sai Baba parecia estar se referindo quanto a essa semana era a culminação de um grande período de teste para a Terra, e que a Terra tinha passado por ele – isso quer dizer, em sua maior parte a humanidade, embora não apenas a humanidade – de forma segura.

Por exemplo, uma grande batalha esteve ocorrendo, em níveis cósmicos, entre as forças da luz, sobre Maitreya, e certas forças cósmicas más. Isso culminou recentemente em um triunfo de nossa Hierarquia Espiritual. Maitreya esteve esperando por tal momento para emergir abertamente. Como vocês sabem, em outros momentos, em particular em 1985, quando Maitreya estava pronto para vir adiante para um grupo de jornalistas encontrando-se em Londres, houve uma grande batalha lutada, novamente em níveis cósmicos, entre essas forças e nossa própria Hierarquia planetária. Isso também terminou em um triunfo para nossa Hierarquia, mas às custas da vinda adiante de Maitreya. Ela precisou de todos os esforços combinados de nossa Hierarquia para conter o ataque que foi lançado.

Eu conheço os sinais. Eu sei que durante tais períodos de batalhas cósmicas, sobre as quais a humanidade não sabe nada, meu Mestre se torna de fato muito remoto. Eu posso sentir Seu afastamento. Embora Ele irá responder perguntas, é como se Suas respostas estivessem passando por uma série de filtros e barreiras. Todos os Mestres estavam totalmente focados, meditando. A mesma coisa aconteceu nos dois ou três meses antes de Julho de 1977, quando Maitreya desceu de Seu retiro no Himalaia.

Tendo aceitado o convite para aparecer em uma grande rede dos EUA, Ele esteve esperando pelo melhor momento possível no qual fazer isso. Isto seria quando as energias espirituais no mundo estivessem no ponto mais alto, quando um reservatório tivesse sido criado que garantiria (até onde pode ser garantido) uma resposta correta da humanidade. Então não seria algo desperdiçado, e uma resposta de um bom tipo, positiva e dando as boas vindas, viria de tal transmissão.

Durante os Três Festivais Espirituais, em Abril, Maio e Junho, poderosas energias são lançadas ao mundo – o Espírito da Paz, o Buda, o Avatar da Síntese, as energias de Aquário focadas através de Maitreya, e por aí vai. Tudo isso tem aumentado em tremenda potência. O Avatar da Síntese, em particular, eu experienciei como nunca antes, vindo também com a força de Shamballa, que é incomum; é normalmente um ou outro. Isso construiu uma barreira contra essas forças cósmicas que foram lançadas contra nós, uma ultima tentativa, se vocês preferirem, destas forças materialistas, tentando impedir a manifestação de nossa Hierarquia Espiritual abertamente no mundo.

Eles não tiveram sucesso, e eles não terão sucesso, e o caminho está limpo agora para a manifestação aberta de Maitreya e os outros Mestres. Eu acredito que foi isso que Sai Baba quis dizer quando Ele disse que o período de 18-22 de Julho seria de grande importância. Ele virou a roda. Nós estamos agora na Era da Aquário. Eu sei que Maitreya disse que quando a Terra tivesse sua velocidade diminuída em sua revolução, levada simbolicamente mais próxima ao sol, que isto seria o virar da roda. Este foi o começo de um processo que culminou agora. Nós estamos no final da Kail Yuga, e no final da Kali Yuga, o Avatar Kalki pode vir. Maitreya é, é lógico, o Avatar Kalki.

Mesmo no Dia da Declaração, eu duvido muito que Maitreya irá dizer: "Eu sou o Cristo." Ele provavelmente

dirá algo como: "Muitos milhões Me aguardam como o Cristo, e é para satisfazer suas expectativas que eu venho." Algo desta natureza.
    Ele introduzirá ao mundo como um todo o fato de que Ele esteve vivendo no Himalaia, ao invés de no "paraíso", nestes últimos 2.000 anos e mais; que Ele é o cabeça de um grande grupo de similares, se não igualmente homens avançados, e que Eles também, em número crescente, estarão no mundo. Já um grande número, 14 incluindo Maitreya, estão entre nós.
    Esta será uma revelação para a humanidade. Há uma coisa com a qual eu discordo com o Mestre DK. Eu acho muito difícil concordar quando Ele diz que a idéia da Hierarquia se espalhou até o "homem da rua". Eu pensaria que provavelmente todos na Califórnia ouviram sobre os Mestres. Mas a cidade de Kansas? Cleveland? Detroit? Eu duvido. Manchester? Birmingham? Bremen? Yokohama? Não, eu acho que existem muitos lugares no mundo, a maioria deles em particular, onde a idéia da Hierarquia nunca entrou na consciência das pessoas.
    Mesmo assim, elas vão ouvir sobre ela pela primeira vez no Dia da Declaração. E elas irão ouvir sobre ela por Aquele Que sabe sobre ela, Que lidera todo o grupo de Mestres, e desta forma milagrosa, tendo suas mentes ofuscadas. Como o Mestre fala, *" isoladamente, e solenemente sozinho"* eles irão ouvir esta voz em seus corações. Vocês conseguem imaginar a experiência que isso será para a maioria da humanidade, que nunca antes ouviu sobres os Mestres ou um Cristo que não está lá em cima no paraíso; um grande instrutor Que está na verdade aqui em uma tela de televisão falando pela primeira vez para o todo da humanidade, desta forma extraordinária? Você consegue imaginar o que isso significará, o choque à consciência do vasto corpo da humanidade, provavelmente a maioria dos 6.3 bilhões de pessoas que vivem no mundo.
    Eu nunca compreendi a imensidade deste evento. Eu o disse tantas vezes, mas nunca até este momento, e provavelmente nem neste momento, eu fui capaz de

compreender o enorme impacto disso, a enormidade, a novidade, a unicidade deste evento. Todo o mundo estará em contato com um homem, ouvindo Suas palavras entrarem em suas mentes em suas próprias línguas, falando diretamente com eles, *"isoladamente, e solenemente sozinho"*. Cada indivíduo estará vendo a televisão. Eles virarão um para o outro e perguntarão: "Você está ouvindo o que eu estou ouvindo?" Por causa do tom da voz, do tom dos pensamentos, a solenidade das idéias, a vastidão desses conceitos, as pessoas estarão experienciando o que elas nunca experienciaram em suas vidas. Isso é fenomenal. Nós estamos em um momento único na história deste planeta.

" Totalmente diferente". Esta é a declaração do ano. *"Totalmente diferente e estranho".* Uma nova situação. Repentinamente, as pessoas saberão que nós não precisamos esperar que ÓVNIs desçam para que tenhamos Seres iluminados em nosso meio. Nós saberemos que "aquele" homem é o Ser mais iluminado que nós provavelmente encontraremos. E Ele não está sozinho; Ele tem um grande grupo de homens similarmente iluminados Que irão viver entre nós, Que serão acessíveis: para sabermos, para aprendermos, para guiar e aconselhar a humanidade. Isso deve significar uma diminuição do peso da ansiedade e depressão. Você consegue imaginar qual efeito isso terá quando a humanidade, vivendo em sua maior parte em estresse e ansiedade, ouvir Suas palavras de esperança e preocupação.

A maioria das pessoas, estejam elas morrendo ou sendo milionárias, estão vivendo sobre estresse. Qualquer pessoa vivendo hoje, que é meio sensível, deve estar vivendo sobre condições de tensão: de expectativa interna por causa de suas sensibilidades como almas, mas talvez não sabendo o que está acontecendo, respondendo às energias talvez negativamente, vendo elas simplesmente como uma imposição, tentando levá-las em direções nas quais elas não querem ir. Outros de bom grado aceitam essas energias, e sem saberem que elas estão lá, criam idéias construtivas que darão forma para a experiência desss energias. As pessoas terão essas reações diferentes, não apenas às energias, mas para Aquele Que traz esss energias, o Portador das Águas. Se Ele Se chamará o Portador das Águas neste dia, eu não sei. Meu chute é que ele irá.

"Ninguém, em nenhum lugar terá ouvido antes os pensamentos transmitidos neste dia dos dias. Nunca, antes, os homens ouviram o chamado à suas divindades internas, o desafio para suas presenças aqui na Terra."

É um desafio. Maitreya irá apresentar ao mundo uma escolha: continuar como nós estamos, nos velhos, gananciosos, egoístas, modos bem humanos, e nos destruirmos, ou demonstrarmos pelo menos o potencial divino em cada pessoa, compreendendo as realidades da vida: o fato da unicidade da alma; da unicidade, portanto, da humanidade como um grupo de almas em encarnação. Isso será uma revelação para a maioria da humanidade.

Milhões de pessoas já acreditam na alma, acreditam na idéia da alma, mas elas têm pouca noção, me parece, sobre o que a alma realmente é. Para a maioria dos Cristãos, e não apenas Cristãos, a alma é uma muito maravilhosa, linda, poderosa entidade divina que vive no "paraíso" e com a qual, quando nós morremos, nós ficamos cara a cara e conhecemos pela primeira vez. E este é o fim; nós continuamos como almas com uma harpa se nós quisermos. E um dia no final do mundo, o Cristo irá descer, e haverá um grande êxtase no "paraíso".

É uma idéia linda, mas é uma idéia mística. A verdade é ainda mais bonita, mais maravilhosa: que a divindade pode ser, planeja-se ser, manifestada no plano físico. Este é um mistério maior e de uma maior beleza do que qualquer êxtase no "paraíso". Para trazer a realidade da alma, esta divindade, no plano físico e demonstrá-la como um Mestre, ou um Krishnamurti, ou um Leonardo da Vinci, me parece um mistério muito maior e mais belo do que a idéia mística de união no "paraíso".

Esta será uma repentina revelação para a humanidade. Nós saberemos que nós somos almas. Isto será apresentado para nós de tal forma, que nós imediatamente compreenderemos sua realidade e sentiremos esta divindade em nós mesmos. O Princípio Crístico, a energia que Maitreya encarna, fluirá, como Ele disse, em tremenda potência. Será como se, Ele diz, "Eu abraçasse toda a humanidade". Esta será uma experiência extraordinária para todos nós.

Propósito e significado

"Por esses preciosos minutos", o Mestre diz. *"Cada um, isoladamente, e solenemente sozinho, saberá pela primeira vez o propósito e significado de suas vidas"*. Pela primeira vez, nós compreenderemos, durante este ofuscamento, ouvindo as palavras de Maitreya, o esboço da realidade de nossa estrutura espiritual como espírito, refletido como alma, envolvida no plano físico como a personalidade humana. Isto se tornará claro, compreendido repentinamente, se não totalmente entendido, por milhões de pessoas pela primeira vez – um tremendo evento para a maioria das pessoas, ouvindo idéias que aqueles interessados nos ensinamentos esotéricos tomam como uma certeza, mesmo que eles não realmente compreendam e experienciem isso como uma realidade.

Cada um *"isoladamente e solenemente sozinho"* saberá isso por este pequeno tempo, quando Maitreya estiver ofuscando o mundo, talvez meia hora, 35 minutos no máximo. Por esse período, o mundo ficará parado. Nada mais poderá ser feito, todos estarão ouvindo, experienciando as idéias, olhando para elas conforme Ele fala de coração a coração, de forma que suas atenções estejam focadas em suas realidades, em suas Existências no coração, não no sentido de Sr. Smith ou Sra. Johnson, ou o que seja. Repentinamente, durante esse tempo, a

humanidade irá experienciar a si mesma como ela realmente é, como almas em encarnação, seres divinos.
 Então, tendo nos dado uma noção de nossas divindades, Ele irá apresentar o desafio desta divindade. Ele falará sobre as necessidades do mundo: o fato dos milhões que morrem de fome no mundo, "uma blasfêmia em meio aos homens", como o Mestre o chama. Ele mostrará este problema como sendo a primeira prioridade esperando uma renovada e regenerada humanidade. Ele mostrará que sem se resolver o problema da fome em meio a plenitude, nós nunca tomaremos um passo adiante na demonstração da divindade sobre a qual Ele está dando às pessoas uma noção, talvez pela primeira vez. Conforme nós estivermos ouvindo, nós nos sentiremos como sendo divinos. Nós nos veremos como bem diferentes do que nós pensamos. Nós nos lembraremos de nossos sentimentos da infância. O Mestre coloca isso de forma tão bela: *"Cada um, isoladamente, e solenemente sozinho, saberá naquele momento, o propósito e significado de sua vida, experienciará novamente a benção da infância, a pureza da aspiração do ser purificado."*
 A beleza da criança é que ela tem toda a aspiração de uma alma em encarnação. De forma alguma manchada com o ceticismo, com cinismo. Ela sabe o que é melhor para o mundo. Ela fala: "Se há doença no mundo, ela deve ser eliminada de forma "mágica". Não seria maravilhoso se nós pudéssemos, de forma mágica, acabar com os problemas do mundo – uma aspiração totalmente altruísta. Quando o coração fala, quando a energia do Cristo, fluindo através dos corações da humanidade, despertar em cada um de nós esta antiga, pura aspiração, o mundo se voltará para Ele.

Alegria

"Por estes preciosos minutos, os homens conhecerão agora novamente a alegria da total participação nas realidades

da Vida; se sentirão conectados um com o outro, como a memória de um passado distante"

As pessoas irão perceber pela primeira vez que, até então, elas tinham apenas brincado de viver. Elas nunca realmente tocaram o núcleo do que realmente é a vida; talvez como crianças, sim, mas nunca com esta simplicidade, direta, espontânea experiência do que é, do que a vida realmente é neste momento, de uma forma que a criança automaticamente, instintivamente faz. Tudo desta total, rica, total absorção na, concentração na, experiência de momento a momento da vida como ela é, é coberta de tensões, por "ocupações", por todas as preocupações e os problemas que cercam cada ser humano adulto no mundo. Poucos podem, por muito tempo, experienciar total aproveitamento da beleza da vida, total absorção nesta realidade.

Por esse tempo, por essa meia hora ou o que seja que ela for, toda a humanidade irá experienciar aquela alegria da infância, de se estar realmente *vivo*. E de se estar vivo, não simplesmente como uma vivência física, um sentimento de bem-estar, de boa saúde, mas um sentimento de totalidade, ligado à realidade da vida e todos os seus níveis diferentes. Isso é novo, e mesmo assim, as pessoas irão se sentir: "É isso, e isso está relacionado com todos." Elas se sentirão ligadas uma com as outras, mesmo que elas não vejam uma as outras, porque elas saberão que todos no mundo estão passando pela mesma experiência; alguns, é lógico, em uma extensão maior e alguns em uma extensão menor. Alguns estarão amedrontados por tudo que eles ouvirem. Outros abrirão seus corações, irão beber e experienciar isso pela alegria que é.

"Como a memória de um passado distante". As pessoas têm, na base de suas consciências, a noção de vidas passadas, experiências passadas, de experiência da alma, da vida fora do corpo, assim como da vida no plano físico. Isso está no núcleo da consciência de cada ser. E neste momento, elas irão experienciar uma conexão com todas as suas experiências anteriores como uma pessoa, e este contato

elas saberão ser uma realidade para todos. Todos nós somos partes de uma Grande Alma. No plano físico, este fato dá o sentimento de fraternidade, de interconexão, e no caso da maioria das pessoas, *"como uma memória de um passado distante"*, algo de antes, muito antes será registrado, e elas dirão: "Sim, isso é verdade! É assim que isso é." A verdade do que Maitreya está dizendo irá em um sentido energético, e também de consciência e de memória, se tornar uma única experiência. As palavras, os significados das palavras, a informação, e a verdadeira experiência do Princípio Crístico, despertará tudo isso em todos.

"Repentinamente, os homens perceberão que suas vidas até agora foram uma coisa vazia, faltando, para a maioria, tudo aquilo que faz a vida querida: fraternidade e justiça, criatividade e amor."

Poucos existem que sabem o que é a fraternidade, e a justiça é um sonho sonhado por muitos, pela qual muitos lutaram, e até agora, nunca alcançada em uma escala mundial. Alguns alcançaram um grau relativo de justiça: sindicatos lutaram por justiça em sua vida industrial; as pessoas lutaram por justiça política, por justiça econômica. Sempre, parece, a maioria das pessoas estiveram lutando por justiça, porque ela é o conceito número um na mente humana. Ela significa corretas relações humanas; este é o significado da justiça. As pessoas sabem instintivamente, em seus melhores e mais elevados momentos, que o significado da vida é o de demonstrar corretas relações. Mas como nós podemos, quando não há justiça?

Algumas pessoas são fortemente incendiadas e motivadas pela injustiça. Outras sofrem injustiça por um longo tempo, antes que elas reajam. Mas todos, no núcleo de seus seres, desejam justiça. Eu não consigo imaginar ninguém que, apenas por isso mesmo, gostaria da injustiça. Eles podem viver com ela, eles podem de fato criá-la pelas suas ações egoístas, mas ninguém a cria como a melhor relação possível que nós poderíamos ter. Elas não seriam tão estúpidos; elss saberiam que ninguém acreditaria neles.

Justiça é vista, como o amor é visto, como uma expressão da natureza de nosso ser divino. E ela é indivisível. Há apenas uma justiça, um amor, uma liberdade, e é isso que as pessoas desejam. Elas desejam justiça, mesmo que elas possam fazer o oposto. As pessoas desejam, muito freqüentemente, por aquilo que elas mesmas são menos capazes de demonstrar. Mas por causa disso, elas o desejam. Elas desejam aquilo que elas sabem que é expresso de forma ruim em seus comportamentos, em sua natureza. Isso é a base da culpa. Também pode ser a base para um grande esforço revolucionário.

"Muitos saberão, pela primeira vez que, eles contam, que eles importam no esquema das coisas."

A maioria das pessoas, em todos os lugares, têm a idéia de que elas não valem nada, a não ser que elas tenham nascido em uma família rica ou em uma posição poderosa. A não ser que elas estejam equipadas com um cérebro poderoso e uma grande ambição e impulso, a energia, para realizar seus desejos, elas acham que elas não contam. Elas se sentem como "eternas perdedoras". Por séculos, nossas injustas estruturas políticas e econômicas criaram esta ilusão que a maioria das pessoas têm: que elas não contam. Elas são apenas ninguém, peões, camponeses, "os trabalhadores", operários, lá para o benefício de outros.

Se você nasceu em uma posição poderosa, se seu pai é rico, se ele pode te deixar muito dinheiro, ou uma posição de poder, se você pode começar de tal situação, a tendência, a não ser que você seja um indivíduo notavelmente avançado, é a de satisfazer-se com esta situação – de tomar vantagem das injustiças que isso cria e então fortalecê-las. O princípio do desejo da personalidade (eu não quero dizer em cada caso, é lógico; existiram maravilhosos reformadores) tem sido utilizado para aumentar as vantagens que os poderosos já têm. É por isso que o mundo muda tão lentamente. Existem muitas pessoas poderosas no mundo que sabem das mudanças que o mundo precisa, mas que nunca procuram colocá-las em prática. Ao contrário, elas freqüentemente tendem a fortalecer as desvantagens para os outros que elas claramente vêem. Elas tendem a fazer com que suas fortunas cresçam mais, que suas posições se tornem mais fortes. É para elas um processo de auto-defesa. Elas estão mantendo, ou estão tentando manter, o status quo. O status quo está prestes a mudar em cada aspecto da vida; o tempo chegou para manifestar essas mudanças. Por esta razão apenas, muito do que Maitreya irá dizer será bem desagradável de se ouvir para a maioria dos presentemente poderosos e privilegiados indivíduos.

Auto-estima

"Um sentimento desconhecido de auto-estima irá substituir suas presentes faltas de esperança. Drogas de todos os tipos perderão seu domínio sobre os homens."

A maioria das pessoas tomam drogas porque elas têm um sentimento de falta de esperança. Elas estão sofrendo, como Maitreya fala, de "fome espiritual". Elas não vêem esperança, nenhum futuro. Nada do que elas fazem parece funcionar. Elas freqüentemente estão em uma posição tão baixa na escala social, que não há possibilidade de que elas possam conseguir o que provavelmente elas desejam: poder, riquezas, admiração, amor, afeição, todas as coisas que todos desejam, mas que poucas pessoas realmente conseguem. É necessária muita energia, e muita do que é chamada "sorte" e muito trabalho duro para alcançar as ambições que muitas pessoas drogadas têm, mas não conseguem possivelmente alcançar. Elas sabem que elas não têm a energia, as vantagens. A não ser que elas consigam deixar as drogas, não há esperança também. Estando drogadas, elas não têm a ambição, apenas a *idéia* da ambição. Acima de tudo, elas não têm a *vontade* para saírem da situação. Se a vontade não é aplicada à situação, nada pode mudar. Mas quando um sentimento de auto-estima toma o lugar da falta de esperança, então tudo é possível. E quando mudanças sociais, políticas e econômicas andam de lado com esta nova auto-estima, e estabelecem uma condição na qual todos têm um espaço, na qual todos contam, nós teremos uma sociedade inteiramente nova.

"Calmamente, as lágrimas dos homens fluirão em humilde gratidão e desejarão pelo bem"

As pessoas são cínicas, mas internamente, elas não são realmente cínicas. A maioria das pessoas, a vasta maioria das pessoas em todos os lugares, desejam o bem. Elas desejam o bem porque elas sabem que ele é a única coisa que vale a pena se ter. Elas sabem que aquilo que nós chamamos corretas relações, corretas relações humanas, não é apenas a próxima realização predestinada à humanidade, mas que é benéfica, algo pelo qual se esperar ansiosamente, algo que é necessário.

Todos desejam amor, afeição, harmonia, o estabelecimento de condições nas quais suas criatividades podem se manifestar. Para a maioria das pessoas, isso não está disponível. Para a maioria das pessoas, criatividade é um sonho, algo que morreu na infância, antes mesmo que elas tivessem a chance de serem criativas. Esta é a realidade para a maioria das 6.3 bilhões de pessoas no mundo. Pessoas que têm a oportunidade, a educação, e o plano de fundo, financeiro ou de outro tipo, para serem criativas, são relativamente poucas; elas são as sortudas. Não é porque elas são superiores, é por causa da união de várias circunstâncias que determinam se algumas pessoas terão este tipo de "sorte" ou se elas serão deixadas de lado.

É um problema principalmente político/econômico. É uma crise espiritual através da qual a humanidade está passando hoje: nós não sabemos quem nós somos. Nós esquecemos da realidade de nosso ser. Esta crise espiritual está focada através dos campos político e econômico, e a não ser que nós possamos criar instituições políticas e econômicas espirituais, nós não conheceremos a paz ou a justiça, e a evolução humana acabará neste planeta. Esta é a natureza da crise: descobrir quem nós somos.

Nestes minutos, nesta meia hora, as pessoas perceberão quem elas são. Cada indivíduo, conforme ele ou ela experienciar este ofuscamento por Maitreya, experienciará o Princípio Crístico, e despertará para aquilo que Ele está dizendo, e para a realidade de suas próprias naturezas espirituais, e irão dizer: "Sim, é isso! Eu quero isso! Eu quero isso porque é o bom. É isso que eu sempre quis. Eu me lembro quando eu era um garotinho, uma garotinha, eu sonhava com isso para o mundo. E eu esqueci disso. Eu não pensei nisso em todos estes 30, 40, 50 anos." As pessoas despertarão novamente para suas antigas aspirações por corretas relações. As pessoas querem isso entre elas mesmas e as outras. Elas desejam isso, elas sabem que isso é certo. Todos internamente desejam por esse sentimento de justiça, de bondade, de corretas relações, de liberdade para todos. E *"lágrimas fluirão em humilde gratidão."*

"Deste momento em diante, um novo espírito de santidade prevalecerá sobre a Terra."

Deste momento, e por este tempo, este sentimento será levado adiante. Este dia, esta experiência de meia hora, ou seja lá quanto dure, permanecerá nos corações das pessoas. Elas se sentirão renovadas como nunca antes. Elas se sentirão: "Ah, deve ser maravilhoso estar assim a todo o momento. Eu me lembro, era assim que eu me sentia quando eu era criança."

As pessoas sentirão novamente esta renovação, vitalidade e espírito elevado, despreocupação, que as crianças têm, mas que a maioria dos adultos perderam. Porque eles andam com seus problemas: "Como eu vou pagar o aluguel, as taxas escolares, as contas do médico?" As pessoas estão totalmente preocupadas. Elas estão preocupadas quanto a vida. Isso se chama comercialização. Comercialização tomou a vida real. É por isso que Maitreya a chama "mais perigosa do que uma bomba atômica". Ela rouba a vida das pessoas. Ela toma suas vidas até que cada gota tenha saído, como um limão espremido.

Espírito de Santidade

"Um novo espírito de santidade prevalecerá sobre a Terra."
Quando elas verem Maitreya, e quando você ver Maitreya, você saberá o que os Mestres querem dizer. Eu diria que, acima de tudo, a qualidade ao redor de Maitreya é santidade. Ele encarna, para mim, tudo que você pode imaginar quanto a Deus. Ele não é Deus, é lógico (a não ser no sentido de que nós somos todos Deus), mas Ele está imbuído com a santidade de Deus; amor puro, vontade e sabedoria cercam Ele como uma aura. É isso o que irradia e irá irradiar neste dia. Ele evocará este mesmo sentimento em todas as pessoas, na maioria das pessoas, ouvindo Ele e experienciando Sua energia no Dia da Declaração.

O sentimento de que a vida é sagrada será renovada nas mentes e corações das pessoas. Por um tempo, ninguém irá querer perturbar o sentimento de que nós vimos a vida de uma nova forma, de que ela é sagrada, santificada, e depende de nós demonstrarmos isso: nos livrarmos de toda a bagunça que impede esta santidade de se demonstrar. Maitreya ligará os problemas políticos, econômicos e sociais com a demonstração da santidade da vida. As pessoas compreenderão isso, e irão *"andar nas pontas dos pés por um tempo"*. Isto é lindo.

Logo, no entanto, os homens perceberão que isso não é tão fácil; os problemas continuarão lá. Apenas porque o Cristo está no mundo, você não pode dar as costas aos problemas, que são reais. Nós estamos vivendo no plano físico, e embora, por um tempo, as pessoas irão experienciar a santidade divina e saberão que esta é uma verdadeira qualidade da vida, elas também saberão que para demonstrar esta santidade, a vida no plano físico deve ser mudada. Não mais nós podemos ver milhões de pessoas assassinando uma as outras, ou morrendo de fome no meio da plenitude.

"Os homens perceberão que as mudanças necessárias no mundo são vastas, múltiplas", muito complexas de fato, e muitas delas, *"precisando de paciência e dedicação, imaginação e confiança"*.
As pessoas terão que acreditar que Maitreya e os Mestres sabem o que Eles estão falando. Elas terão que confiar que estas mudanças realmente irão transformar suas vidas. Elas precisam perceber que a maioria dos obstáculos à continua demonstração desta divindade, que, por meia hora, eles experienciaram, são as velhas divisões políticas e econômicas no mundo – com milhões morrendo de fome, outros vivendo não muito melhor do que animais. Elas precisam ver que embora eles estejam muito longe, na África, Índia, ou América do Sul, não na porta ao lado, estes problemas devem ser resolvidos. E as pessoas despertarão para a realidade da vida.

Reabilitação

"Antes de muito tempo, os homens em todos os lugares se engajarão no trabalho de reconstrução, a reabilitação do mundo."
Os Mestres irão galvanizar, com Suas energias espirituais, tudo ao redor Deles. Suas revelações quanto aos problemas e quanto às soluções serão claras e lógicas. Seus discípulos, homens e mulheres em todos os lugares, serão eleitos em posições de influência e poder – pelo método democrático – e eles colocarão em andamento as mudanças necessárias.
As pessoas em todos os lugares se engajarão neste trabalho. *"Socorro para os pobres e famintos levarão muitos ao orgulho."* Maitreya diz que a prioridade número um é livrar o mundo para sempre da fome. *"E assim terminará para sempre uma blasfêmia no meio dos*

homens." O fim da fome, a alimentação dos famintos, a reabilitação dos pobres, é a prioridade número um depois do Dia da Declaração. Ela precisa ser lidada em uma grande escala. Uma nova agência das Nações Unidas será criada para lidar com isso. Em sua chefia estará um Mestre, ou pelo menos um iniciado de terceiro grau, e ela irá, através de suas ações, reconstruir o mundo; a partilha dos produtos do mundo irá adiante rapidamente.

A humanidade, é lógico, precisa aceitar isto. Nosso livre arbítrio nunca será infringido. Governos se voltarão à Maitreya e os outros Mestres quando Eles se tornarem conhecidos, e perguntarão: "O que nós fazemos, qual é o seu conselho?" Por causa da vastidão dos problemas, e da urgência da necessidade, todos os recursos serão galvanizados. Os esforços das agências de ajuda até agora serão como gotas no oceano, comparadas com o que será conseguido nos primeiros meses e ano ou dois depois do Dia da Declaração.

"Milhões conhecerão pela primeira vez a calma felicidade da necessidade satisfeita"

Quando nós estamos com fome, nós compramos algo para comer. Nós vamos à um restaurante ou damos uma olhada na geladeira. Uma boa satisfação, nós nem pensamos duas vezes quanto a isso. Mas se você está vivendo no Mundo em Desenvolvimento, se você é uma das 1.3 bilhões de pessoas que vivem em *absoluta pobreza*, se você é uma das 38 milhões que estão literalmente morrendo de fome, você não pode fazer isso.

Então terminará o que os Mestres chamam *"este capítulo negro na história da raça". "Não mais as formas moribundas dos famintos envergonharão os olhos dos ricos. Não mais os homens verão seus irmãos morrendo diante de seus olhos."* Esta é uma tragédia que tem ocorrido por tantos anos, por tantos que eu não consigo me lembrar.

"Mudanças, inigualáveis em extensão, engajarão as mentes e corações dos homens; nada a não ser o melhor do passado irá prevalecer contra a investida do novo"

Seja lá o que estiver no caminho das novas energias, as novas estruturas, que estas energias criam – relacionadas com a síntese, justiça, liberdade para todos, em cada país sem exceção – seja lá o que estiver no caminho desta realização, cairá, não prevalecerá.

"Apenas o melhor do passado..." É lógico, sempre há algo bom no final de cada era. As realizações da era, as aspirações dos milhões, a prontidão para partilhar, as agências de ajuda, organizações como as Nações Unidas e os vários grupos internacionais que, por trás das cenas, unem pessoas com pessoas e dão uma noção de internacionalismo e cooperação, serão mantidos e crescerão; eles podem apenas florescer na nova situação. Mas aqueles que estão no caminho, aquelas estreitas, nacionalistas estruturas baseadas na competição, forças de mercado e ganância, descobrirão ser impossível suportar a *"investida do novo"*, as idéias do novo tempo.

As primeiras a irem embora serão os mercados de ações do mundo. Eles estão, como Maitreya disse, prestes a entrar em colapso. Eles irão abaixo, porque eles estão no caminho de corretas relações humanas. Eles realmente não têm nenhuma relação com as necessidades mesmo de comércio entre países. Eles são um anacronismo, o que Maitreya chama, muito corretamente, "cassinos" que não têm papel a exercerem no tempo futuro, pelo menos em sua presente forma.

"Diariamente, as transformações serão gravadas para os homens compararem e admirarem"

Ao invés de ver todas estas novelas e séries, você ligará a tv e verá o que está acontecendo em Roma, Moscou, Tel Aviv, e Seattle. Que novas maravilhas foram conseguidas no mundo, que novo recorde foi quebrado em se alcançar igualdade, justiça e corretas relações? Isso será gravado e mostrado em uma base diária. As pessoas registrarão isso, compararão e dirão: "Nós ainda não fizemos isso. Nós precisamos fazê-lo." Este é o tipo de competição e rivalidade que será um estímulo muito positivo para se alcançar esses objetivos. As pessoas dirão: "Se elas podem fazer isso, nós podemos fazê-lo". E assim subirão os placares todos os dias: foi alcançado o fim da fome em tal e tal lugar e em tal lugar. As pessoas em tal lugar foram reabilitadas, conseguiram moradia, e por aí vai. Tudo isso será gravado, de forma que todos serão mantidos informados das transformações que estão ocorrendo. *"Um novo mundo será construído na radiante luz do dia."*

"Para muitos, a própria presença do Cristo será um problema." Existem muitas pessoas que odeiam toda esta idéia, que não querem mudar. *"Suas crenças muito antigas serão abaladas até o núcleo"* quando o Cristo aparecer na televisão e criar uma ligação telepática com a humanidade e dizer: "Eu sou o Instrutor do Mundo, Eu sou aquele que vocês estiveram esperando." Talvez Ele dirá algo assim, eu não sei. De alguma forma, Ele tornará conhecido que Ele é Aquele esperado por todos, mesmo que eles não saibam que eles O estão esperando.

Alguns terão um tempo muito difícil. *"Para eles, um período de procura de coração será inevitável, conforme eles tentam entender o significado da nova mensagem; crenças antigas são difíceis de morrer e machucam amargamente no processo."* Se você é um fundamentalista Cristão, Hindu, Budista, Mulçumano ou o que seja (e para aquelas pessoas, sendo justo, suas religiões são algo sério; elas se agarram à essas crenças de uma forma muito séria, fanática), isto será bem perturbador. Muitos deles acreditam agora, que Maitreya é o anticristo. Eles realmente ficarão abalados quando verem que aquele que eles pensam ser o anticristo está falando com eles com uma linda, maravilhosa visão do futuro. E eles não saberão se devem acreditar nisso ou não.

Eles terão a mesma experiência, eles sentirão Sua energia, eles saberão que este homem está encarnando a energia e que isto não é algo ruim. Isto é algo bom, na verdade, é como quando eles vão para a igreja, só que melhor, mais potente. Eles terão um problema.

Então eles verão todas as mudanças no mundo. Eventualmente, tantas pessoas estarão envolvidas nas mudanças, tão respeitável todo este processo se tornará, que eles descobrirão ser cada vez mais difícil ficar contra isso. Será um tempo triste para os fundamentalistas, porque eles verão o fim de suas crenças. Eles terão que substituí-las por todas essas idéias da Nova Era. Eles terão que aceitar que esses tipos da "Nova Era" estavam falando a verdade, falando algo com sentido, que não era algum tipo de ataque, uma conspiração, que seria imposta à humanidade pelo anticristo.

"Crenças antigas são difíceis de morrer" – e eles as tiveram por centenas de anos – *"e machucam amargamente no processo. Mesmo assim, milhões responderão com um coração alegre, felizes em aceitar que o Instrutor está entre eles. Poucos, em tempo, ficarão contra o conhecimento comum de que o Cristo, na pessoa de Maitreya, caminha uma vez mais na Terra."*

Que percepção para a humanidade. Se você está preparado de antemão, você não experiencia isso. Nós iremos perdê-lo de uma forma, porque nós sabemos quanto a isso. Nós já passamos por este cenário, nós o vivemos. Ocorrerão muitas revelações, mas nós perderemos este repentino despertar para uma realidade que nós tomamos como verdadeira – embora a verdadeira experiência disso será de tal tipo que vocês não conseguem imaginar. Quando vocês sentirem Sua energia fluindo através do seu chakra do coração, quando vocês ouvirem Suas palavras em sua cabeça, em suas próprias línguas, vocês dirão: "Eu nunca pensei que seria deste jeito. Eu nunca imaginei que poderia ser tão poderoso e transformador."

"Aqueles relativamente poucos que lideraram o caminho na preparação para este momento encontrarão sendo-lhes

oferecido outro campo de serviço: um esforço educacional em vasta amplitude."

Vocês entendem o que isto significa? A vasta maioria da humanidade não sabe nada quanto a isso, e desejará saber. Ela irá perguntar: "Quem é Maitreya? De onde Ele vem? Qual é o plano de fundo histórico para tudo isso? E, se o que Ele diz é verdade e o mundo será mudado dessa forma, o que acontecerá comigo? O que acontecerá com minhas ações? E quanto ao meu trabalho? Isto será traumático para a maioria de nós.

"Um esforço educacional vasto em amplitude. De todos os lados virão perguntas." Nós deveremos nos transformar em um balcão de informações. *"Uma antiga fome por conhecimento irá, como um rio represado, fluir e quebrar sua represa"*

As pessoas estão famintas por informação. As pessoas que não terão dado muita importância para esta informação, agora irão repentinamente descobrir que elas têm um apetite por informação como nunca conheceram. Elas não serão capazes de conseguir o suficiente, e elas não conseguirão digerir o que elas conseguirem, então irão querer mais e mais.

"Muitos procurarão saber o plano de fundo e história deste evento. Para outros, o futuro imediato será a principal preocupação"

Como isso funcionará? O que Maitreya ou os Mestre têm a dizer quanto a isso? O que você acha que irá acontecer? Como será? O que eu posso fazer? O que eu devo aprender? Como eu devo me desenvolver?

"Sociedades ao redor do mundo, terão o seu papel, assegurando a ampla disseminação dos ensinamentos necessários."

Nós não somos o único grupo do mundo que conhece os ensinamentos esotéricos. Nós partilhamos este conhecimento com muitas sociedades e grupos, alguns deles muito mais velhos do que nós, que por muito tempo exerceram um papel em informar a humanidade sobre a realidade da Hierarquia, do processo evolucionário, a constituição espiritual humana, e por aí vai.

A parte mais importante do conhecimento que todos precisam, eu acredito, saber, é o conhecimento da constituição espiritual da humanidade. Todos precisam saber que eles são uma Mônada, a Centelha de Deus, o Ser Divino, que reflete a si mesma no plano da alma como a alma humana individualizada (parte de uma Grande Alma) que encarna – através da Lei do Renascimento em relação com a Lei do Karma – continuamente até que ela tenha completado a jornada evolucionário e esteja perfeita. Esta é a informação fundamental que, eu acredito, cada homem e mulher precisam saber. Quando eles a saberem, isso sozinho dará a eles uma compreensão da verdadeira relação entre cada um e entre eles e Deus. A partir disso, o trabalho educacional pode continuar. Meditação, como o meio de se reunir estas unidades separadas, se tornará o objetivo de muitos. Mas as pessoas precisam ser educadas, precisam aprender essas coisas, verem a realidade delas. Esta é uma tarefa educacional constante.

Muitas sociedades exercerão seus papéis, o Mestre diz, "*garantindo a ampla disseminação dos ensinamentos.*" Ele diz: "*Muito ainda precisa ser dado.*" Maitreya ensinará, provavelmente em uma base diária, eu não sei, mas freqüentemente. Ele já deu um corpo de ensinamentos que foram publicados na revista *Share International*. Este ensinamento continuará tanto da parte de Maitreya e por alguns dos Mestres. Mas o Mestre diz: "*Muito ainda permanece não aberto e não lido nas mãos dos homens.*" Há um vasto corpo de ensinamentos – os ensinamentos Teosóficos, os ensinamentos da Agni Yoga, os ensinamentos de Alice Bailey – que em sua maior parte não são lidos, mesmo por aqueles que os conhecem.

Eu fico espantado pela falta de interesse das pessoas na informação que está disponível para elas, por exemplo, nos ensinamentos de Alice Bailey. As pessoas me fazem perguntas que são facilmente respondidas se elas simplesmente se voltassem ao livro certo. Mas as pessoas são preguiçosas, elas querem que eu faça a leitura para elas. Eu fico surpreso com a falta de leitura do material existente. Você precisa ler para saber, e você precisa digerir o que você lê. Então você precisa ler com cuidado.

Como você pode saber alguma coisa se você não a estuda? Você precisa aprender a estudar. Você precisa fazer o que o Mestre diz: *"Estudo sistemático dos ensinamentos e tentativas sinceras de viver os preceitos de Maitreya, darão o equilíbrio necessário e a autoridade com a qual ensinar."* Como você pode possivelmente ensinar aos outros se você mesmo não sabe? Você precisa aprender, de forma a passar o conhecimento para outras pessoas

Também, *"tentativas sinceras de viver os preceitos de Maitreya."* Nada convence tanto como a autoridade da experiência. Se você já experienciou algo, você pode falar sobre isso. Mesmo que você tenha dificuldade em colocar esta experiência em palavras, as palavras que você diz para descrever sua experiência de um conhecimento vivido irão comunicá-lo ao ouvinte de forma que nada mais poderia. Nenhuma quantidade de leitura de livro pode tomar o lugar da vivência. Qualquer um pode ler um livro. Mas apenas se você viveu os preceitos, tentou colocar, com o melhor de seu esforço, os preceitos de Maitreya em prática em sua vida, você terá aquele poder de persuasão, aquela energia da verdadeira vivência que você quer que o ensinamento transmita. O ensinamento apenas significará algo às pessoas se ele é uma vivência, e ele é apenas uma vivência se ele for parte de sua verdadeira experiência, não simplesmente algo tirado de um livro. Se isso afetou e mudou sua vida, então você pode falar sobre isso, você pode torná-lo real e vivo para outras pessoas de uma forma que de outra maneira seria impossível.

Humilde Orgulho

"Cada um, assim equipado, pode se aproveitar desta oportunidade para servir novamente. Tomem-na", o Mestre diz. *"Tomem-na, o conselho é, com espontaneidade e humilde orgulho."* Isto é lindo. Humilde orgulho. Este é o caminho adiante para os grupos. Se você deseja servir na nova forma depois do Dia da Declaração, você descobrirá um mundo lá fora desejando informação, desejando experiência: desejando participar, saber o que meditação é e como eles podem se envolver, desejando saber qual tem sido a experiência dos outros, como eles entraram nela, como ela os mudou.

As pessoas gostarão saber, porque todos depois deste dia, o Dia da Declaração, perceberão que o mundo nunca mais será o mesmo novamente. Um novo mundo, uma nova mensagem, uma nova civilização, gradualmente crescerá. O que até agora nós tomamos como verdade, será espalhado. Eu não quero dizer no primeiro dia, mas rápido. As pessoas exigirão novas revelações, o novo ensinamento. Eles virão, é lógico, principalmente de Maitreya e dos Mestres. Mas qualquer um que tenha ao menos qualquer reivindicação de ser um discípulo tem um papel a exercer, pode colocar suas energias em divulgar os ensinamentos, como necessários, conforme eles forem solicitados.

PERGUNTAS E RESPOSTAS

EMERGÊNCIA DE MAITREYA

> "No Dia da Declaração, o mundo saberá que Eu, Maitreya, Filho do Homem, agora vivo entre vocês. Eu vim para mostrar à vocês as possibilidades que, como filhos de Deus, estão diante de vocês. Meu coração conhece suas respostas, ensina-Me suas escolhas, e desperta grande alegria."
> (Maitreya, da Mensagem N° 137, *Messages from Maitreya the Christ*)

P. Há alguma data específica para a aparição de Maitreya?
R. A maioria das pessoas imaginam que eventos mundiais (e a vinda de um Instrutor do Mundo é certamente um evento mundial) ocorrem de acordo com datas precisas. Elas imaginam que todas as decisões Hierárquicas são pensadas através de datas escritas em pedra. Isso, de forma assegurada, não é o caso. Os Mestres prevêem certos acontecimentos a ocorrerem próximo de um certo tempo, mas Eles sabem que a humanidade tem livre-arbítrio e portanto tem uma enorme influência no momento preciso de um certo evento. Os Mestres trabalham em ciclos de 2.000 anos, então para eles, tempo preciso não é realmente uma grande preocupação. Ninguém sabe a data exata na qual Maitreya começará Seu trabalho aberto, mas todos conseguem entender que é logo.

"Janela de oportunidade"

Até onde diz respeito a Maitreya, não há data precisa, nem mesmo para aparecer na televisão. Existem "janelas de oportunidade". Estas janelas estão constantemente mudando. Elas são o resultado de Seu entendimento das energias cósmicas conforme elas fluem. Elas são positivas e negativas, e mudam a todo momento. Esta é a dificuldade para Maitreya. Com todo o Seu alto nível de discernimento e sabedoria – e dois níveis de consciência cósmica – e ofuscado por dois colossais Avatares (Espírito da Paz ou Equilíbrio e o Avatar da Síntese), com o entendimento cósmico que isso dá à Ele, Ele vê a janela de oportunidade apenas como uma possibilidade. Assim que ele se aproxima dela, outra coisa pode acontecer e mudar o cenário novamente. Isto ocorre continuamente.

Ele consegue ver que existirá uma janela de oportunidade vindo no horizonte, porque certas energias cósmicas estarão fluindo e devem se sustentar por um certo ciclo. Mas a humanidade está pronta para esta janela de oportunidade? E a resposta da mídia? Que outros fatores nós não conseguimos nem começar a imaginar Ele precisa levar em conta ao se aproveitar desta janela de oportunidade? Nós devemos livrar nossas mentes deste sentimento de impaciência. Qual é a data do Dia da Declaração? O Próprio Maitreya não sabe. Eu não quero dizer que Ele não tem idéia, mas os Mestres não pensam em tempo, então é irrelevante determinar uma data.

O que Ele vê é uma série de janelas, nas quais todas as forças que compõem as estatísticas pelas quais Ele pode julgar um momento precisam ser levadas em conta-- todas essas coisas diferentes, como o estado da humanidade, o que nós estamos fazendo, e principalmente, a atividade das Forças da Materialidade, as forças do caos, que não estão sentadas sem fazer nada. Elas estão ativas como nunca antes, porque elas sabem que o tempo delas está acabando-- assim que Maitreya vir adiante, e a humanidade ver os Mestres e começar o processo de reconstrução, erguendo a humanidade acima do nível no qual ela pode ser influenciada. Através de seus agentes: homens e mulheres no mundo, alguns deles muito bem conhecidos na mídia e outros campos; os lideres de certos países; certos grupos de pessoas no setor financeiro que estão contra este acontecimento; vários grupos reacionários, políticos e religiosos, essas forças destrutivas trabalham para impedirem a aparição aberta do Cristo.

Elas sabem o que está acontecendo, elas sabem que isso não é bom para elas e elas estão resistindo a isso pelo tempo que podem. Existem algumas pessoas bem conhecidas que estão impedindo de todos os jeitos que podem a exteriorização da Hierarquia, porque para elas, é o fim de seus poderes. Eles são homens dominados por poder. Seus principais interesses são o de sustentar este poder sobre seus empregados aos milhares, e sobre as mentes das pessoas em seus milhões ao redor do mundo. Eles são homens sedentos de poder, cujo único interesse real na vida, com exceção provavelmente daquele de ganhar dinheiro, é ter poder sobre as mentes dos outros e manipular suas idéias na forma que eles acham correta: o velho, ganancioso, egoísta, separatista caminho do passado. Em um sentido, eles não conseguem se ajudar. Eles são dominados por suas naturezas e suas energias, e eles são grande baluartes contra o processo de exteriorização. Isto não funcionará; é inevitável que não funcionará – é apenas uma questão de tempo.

P. Porque Maitreya está levando tanto tempo para se manifestar?
R. Maitreya parece estar levando muito tempo para se manifestar. De nosso ponto de vista, é muito tempo. Do ponto de vista dos Mestres, é como o piscar de um olho. O que Maitreya esteve esperando, acima de tudo, é o verdadeiro colapso do sistema econômico mundial, a quebra das bolsas ao redor do mundo. Elas representam a grande doença da humanidade – isso quer dizer, a especulação. A humanidade está especulando a todo momento de maneira a se tornar mais rica – nós estamos focados em nos tornarmos ricos. Nós descemos à uma profundidade de materialismo que agora é perigoso para a continuada existência de nós mesmos e do mundo. Maitreya chama isso de a cegueira que se segue às forças de mercado. Ele diz que as forças de mercado têm o seu papel, mas seguir cegamente as forças

de mercado leva apenas à destruição. Ele chama as forças de mercado as "forças do mal" – porque elas têm, inerente nelas, divisão, separação, desigualdade – elas beneficiam os ricos e os poucos às custas dos muitos.

P. Quanto tempo demorará antes que Maitreya assuma seu papel como governante mundial? Há alguma força se opondo a ele?
R. Inicialmente, uma correção. Maitreya não assumirá um posto como "governante mundial". Ele não vem para governar; Ele vem apenas para ensinar e inspirar. É a própria humanidade que deve aprender a se governar sobre a inspiração dos instrutores. O momento exato de Sua emergência nos assuntos mundiais não está escrito ou é conhecido precisamente, mesmo para Maitreya. Isso depende da resposta da humanidade para Seus ensinamentos, em sua prontidão em mudar e quanto ao colapso das existentes estruturas econômicas,e só isso nos levará à realidade. Quando isso estiver suficientemente avançado, Maitreya disse que Ele certamente tornará Sua presença conhecida. Mesmo quando Ele falar pela primeira vez na televisão, Ele não usará o nome Maitreya, assim dando à humanidade a oportunidade de responder ao Seu chamado por partilha, justiça e paz através da identificação com Suas idéias, e não pelo Seu nome ou posição.

As forças opostas são muitas e tremendamente fortes. Elas são as forças da antiga ganância, egoísmo e complacência. Elas também são as forças nefastas que por milênios mantiveram a humanidade em sujeição destes mesmos males. No entanto, nunca houve um Instrutor, um Avatar, de tal tremendo poder. Como Maitreya disse: "O fim é conhecido pelo começo." O sucesso de Sua missão é garantido.

P. No primeiro livro de Benjamin Creme, **The Reapperance of the Christ and the Masters of Wisdom,** *ele escreve: "o Dia da Declaração... será em cerca de 18 meses a partir de agora, Maio de 1982." Aqui estamos 22 anos depois, e*

nada. Como você pôde fazer declarações tão irresponsáveis?
R. O plano original da Hierarquia era o de que Maitreya Se revelaria no final de Maio de 1982, se a mídia do mundo passasse por um ato simbólico de procurar por Ele e convidá-Lo adiante. Para tornar isso possível, foi me pedido para realizar uma conferência de imprensa, revelar onde Maitreya estava vivendo, e convidar a mídia para realizar este ato simbólico em nome da humanidade em geral. Eu fiz uma conferência de imprensa em Los Angeles, em 14 de Maio de 1982. Todas as principais mídias Americanas estavam presentes mais a BBC de Londres. Mais de 90 representantes da mídia ouviram-me apresentar minha informação e revelar que Maitreya vivia na comunidade Asiática de Londres Eu os desafiei a enviar jornalistas à Londres, afim de realizarem a procura simbólica e Maitreya viria adiante para eles. A mídia, infelizmente, não fez nada, e o longo, longo caminho de emergência precisou ser tomado por Maitreya de forma que o livre arbítrio da humanidade não fosse infringido.

A coisa interessante é que infinitamente mais pessoas estão conscientes da necessidade por mudança no mundo sobre as linhas das idéia de Maitreya, e estão mais ansiosas em verem e trabalharem para Ele, do que em 1982. Audiências para minhas palestras são muitas vezes maiores do que elas eram. Talvez a humanidade realmente não estivesse pronta para Maitreya em 1982.

P. É porque a mídia tem dificuldade em relacionar nossa informação aos fatos que ela não faz nada? É uma falta de fatos, de evidências ou o que?
R. É um fato que Nelson Mandela, depois de 27 anos preso, foi repentinamente solto e se tornou presidente da nova África do Sul. É um fato, e previsão quanto a isso foi publicada na *Share International* [Setembro de 1988]. Maitreya visitou Nelson Mandela em sua cela e disse à ele para escrever uma carta ao Presidente de Klerk, sugerindo um encontro para discutir o futuro da África do Sul. Nelson

Mandela riu e disse:" Eu não consigo nem um encontro com o diretor da prisão, ainda mais com o presidente da República." Maitreya disse: "Sim, eu sei disso. Mas escreva a carta de qualquer forma. Você escreve a carta e eu farei o restante." E Ele fez o restante. Ele abordou o presidente enquanto ele estava rezando e Ele colocou em sua mente a idéia de que o momento tinha chegado para terminar com o apartheid na África do Sul. O presidente estava rezando, e ele tomou isso de coração. Ele pensou que fosse Deus respondendo suas preces. Ele era um Cristão sincero. Ele conversou com Deus, perguntando o que ele deveria fazer e recebeu a resposta: "O momento chegou para terminar o apartheid." E nós sabemos os resultados.

Estes são fatos, você vê. Agora, a mídia ou acredita nisso ou não acredita, mas tudo isso é uma história extraordinária. E ela sabe sobre ela. Existem homens cuja vida toda foi gasta com uma história.

Quando eu realizei uma conferência de imprensa, falando com um grupo de cerca de cem jornalistas, em 14 de Maio de 1982 em Los Angeles, eu dei a história toda e estes jornalistas ficaram bem divididos. Alguns eram totalmente fundamentalistas de suas próprias maneiras. Alguns eram totalmente contra, mas muitos deles estavam abertos. Eles abraçaram várias vezes a necessidade por partilha e justiça no mundo – jornalistas cabeça dura que nunca abraçam nada disso. Eles abraçaram esta minha história, esta simples história, e no final, eu falei sobre jornalistas vindo à Londres e procurando por Maitreya, e que Ele viria adiante para eles, se eles fizessem isso.

A BBC ligou esta conferência de imprensa com um programa que estava sendo transmitido ao mesmo tempo. Eles estavam no local em Londres onde eu disse que Maitreya estava vivendo. Quando a mídia Americana perguntou à BBC o que eles estavam fazendo quanto a isso, a mídia Britânica disse: "Nada." Os Americanos disseram: "Mas por que não? Esta é uma história fantástica." A BBC disse: "Nós sabemos que é uma história fantástica, mas nós estamos aguardando por evidência mais tangível." A "evidência mais tangível" eles apenas conseguiriam fazendo o que eu disse para eles fazerem: irem à Londres e procurarem por Maitreya na comunidade Asiática.

Se estes jornalistas fossem homens que tivessem visto Maitreya e acreditassem Nele, eles falariam aos seus colegas e diriam: "Sim, é verdade. A história é verdadeira. Eu encontrei Ele. Ele é extraordinário." Maitreya disse que isso seria o suficiente em 1982. A mídia quis a informação colocada em seu colo. Nós colocamos a informação em seu colo, mas isso não é o bastante. Eles querem ver Maitreya, e assim que Ele erguer Sua cabeça sobre o parapeito, eles irão agir.

Existem muitos jornalistas que se encontraram com Maitreya na conferência que Ele realizou em Abril de 1990 em Londres. Haviam cerca de 40 jornalistas realmente importantes presentes. Eles sabem disso tão bem quanto eu. Eles não tomarão a responsabilidade de fazerem alguma coisa quanto a isso pois seus empregos estão em jogo. Eles têm esposas e responsabilidades familiares. Isso não é fácil.

*P. Como você explica as contradições entre os comentários do Mestre Djwhal Khul em A **Exteriorização da Hierarquia** [por Alice A. Bailey] e sua posição sobre o Reaparecimento antecedendo a exteriorização?*

"O primeiro passo é o aparecimento de certos Ashrams, controlados por certos Mestres, sobre o plano físico, evocando reconhecimento geral e garantindo ao público o fato da Hierarquia e a restauração dos Mistérios. Depois, se estes passos se provarem bem sucedidos, outras e mais importantes reaparições serão possíveis, começando com o retorno do Cristo."
R. Eu apenas torno conhecidas minhas experiências como me foi pedido fazer. Os planos da Hierarquia são freqüentemente detalhados e exatos, mas também fluídos e adaptáveis às circunstâncias em transformação. A entrada de Maitreya em Julho de 1977 foi antecedida pela exteriorização de cinco Mestres em Nova York, Londres, Genebra, Darjeeling e Tóquio em 1975. Estes Mestres não

procuraram "evocar reconhecimento geral", mas Eles trabalham de forma próxima com Seus discípulos nestas cidades e países. Existem agora 14 Mestres além de Maitreya no mundo.

P. *Quando a primeira aparição de Maitreya na televisão ocorrerá? De zero a três anos a partir de agora; três a sete anos a partir de agora ou mais de sete anos?*
R. O que você acha? Você quer que eu faça uma profecia quanto a isso. Eu não sei se Maitreya sabe a data exata. Não é como se Eles [Hierarquia] escrevessem a data e trabalhassem sobre ela. Maitreya vê de antemão as possibilidades e existem milhares de possibilidades. Existem milhares de coisas que Ele precisa levar em consideração em determinar quando Ele aparecerá: qual será o momento mais propício, quando haverá menos oposição de níveis cósmicos, e também planetários.

Mas eu direi isso: em quase tempo algum. Você ficará surpreso. Você ficará abalado um dia quando você ver quem apareceu na televisão. Você perguntará: "Poderia este ser o Cristo?"; "Quem é esse? O Imam Mahdi?" Mas você consegue imaginar, Maitreya estará falando primeiro na América, na televisão Americana – e se você já esteve na televisão Americana, você saberá que não é uma coisa fácil de se fazer, porque a América é tão condicionada para a competição, para se apegar ao que ela tem, a não mudar, e organizar as coisas de forma a satisfazer sua necessidade por competição.

Eu não sei se eles pensarão imediatamente que Ele é o Cristo. Pode ser mais provável que eles pensem que ele é o anticristo. Eles não viram ou ouviram Maitreya. Eles apenas viram e ouviram o que eu falei sobre Ele. E muitos não gostam nem um pouco disso. Eles não querem este tipo de mudança. Eles nem mesmo querem aceitar o Protocolo de Quioto quanto as mudanças climáticas. Eles não querem nenhuma ação que parará o fluxo de dólares para corporações dos EUA. Então, quando eu falo, muitos acham que eu falo pelo anticristo.

Mas quem são "eles"? "Eles" tendem a ser, em sua maior parte, os grupos Cristãos fundamentalistas-- que Maitreya ama, é lógico. Ele freqüentemente apareceu diante deles, mas eles não sabem que Ele é Maitreya. Se eles soubessem disso, eles teriam um choque!

A América está divida ao meio. Existem milhões que dão boas vindas à Maitreya e existem milhões que pensarão que Ele é o anticristo.

P. (1) Maitreya é conhecido pessoalmente pela pessoa que irá entrevistá-Lo? (2) Esta pessoa acredita que Maitreya é o Instrutor do Mundo? (3) Ele/Ela é simpático a sua informação, mesmo que ele/ela não acredite na história totalmente?
R. (1) Não. (2) Provavelmente não. (3) Eu não sei.

P. Por que Maitreya aparecerá nos Estados Unidos ao invés de outros países?
R. Ele aparecerá em outros países. Ele aparecerá inicialmente na América de tal forma que Ele possa falar com milhões de pessoas. Então no Japão. Que país você acha que possui a maior e mais influente rede de mídia no mundo? Se Ele aparecer em uma grande rede na América, Ele pode ser ouvido imediatamente por milhões de pessoas, não apenas nos EUA, mas através da internet ao redor do mundo. Eventualmente, depois do Dia da Declaração, quando Ele for conhecido e aceito pela humanidade, Ele fará uma peregrinação ao redor do mundo.

P. Por que Maitreya não apareceu diante da televisão para impedir a guerra no Iraque?
R. Para os Mestres, o livre arbítrio humano é sacrossanto; Eles nunca o infringem. Maitreya faz um plano e podem existir milhares de aspectos diferentes a serem levados em consideração ao se decidir o que, e quando fazer certas coisas. Este plano não é escrito em pedra; ele é maleável, flexível – mas o livre arbítrio humano nunca será infringido.

Iniciar a guerra no Iraque foi uma decisão do governo dos EUA, e Maitreya ter aparecido abertamente para "impedi-la" seria um infringimento de nosso livre arbítrio, não importa o quão enganosa e destrutiva tal agressão poderia ser. Não diz respeito a Maitreya fazer ou desfazer nossas decisões. Além, quando Ele vir adiante, Ele não irá imediatamente ter a influência que aquele que fez a pergunta parece atribuir à Ele.

A Lei precisa ser obedecida. Os Mestres são Mestres porque Eles vivem pela Lei – a Lei da Vida, da evolução. Existem coisas que você pode fazer, deve fazer, e coisas que você não deve fazer. Nós fazemos qualquer coisa. Nós infringimos o livre arbítrio um do outro – nós assassinamos, machucamos, mutilamos – nós fazemos isso com palavras e ações. É por isso que nós temos problemas, porque nós temos doenças, porque nós sofremos.

P. Havia algo que a Hierarquia poderia ter feito para impedir a guerra com o Iraque?
R. Não, não sem infringir o livre arbítrio humano. Há a possibilidade de impressionar as mentes dos lideres dos governos, mas infelizmente, neste caso, as mudança vindas de uma favorável resposta à impressão não foram altas.

P. Se não introduzido inicialmente por nome, como Maitreya será introduzido na televisão nas primeiras entrevistas?
R. Como um homem comum, um de nós, mas com idéias, conselho e pontos de vista que podem nos ajudar se nós ouvirmos. No começo, será algo bem restrito e modesto. Na televisão, Maitreya não estará falando à uma audiência convidada; Ele terá que ser de certa forma reticente de maneira a não assustar sua audiência.

P. Como as pessoas irão convidá-Lo para televisão? Quais serão Suas qualificações?
R. Ele terá um nome, mas não será Maitreya. O ponto é; Ele não quer que as idéia estejam vindo de um Ser tão alto de

forma que as pessoas se tornem devotas. Ele não quer devotos, Ele não quer seguidores. Ele diz: "Se você Me seguir, você irá Me perder. Se você tentar Me colocar em seu bolso, você nunca me achará." Os Cristãos tentarão colocá-Lo em seus bolsos. Assim também os Mulçumanos, assim também os Hindus, e principalmente Budistas. Isso não é um problema; se Ele for convidado na televisão para falar, Ele pode ser convidado em outro canal para falar com mais pessoas. É tão simples quanto isso. No Dia da Declaração, Ele tornará claro o que muitas pessoa suspeitam, mas podem não ter certeza: de que Ele é o Instrutor do Mundo. Ele será convidado como Sr. tal e tal para falar sobre suas idéias. Isso será restrito inicialmente; Ele não falará o que eu estou dizendo inicialmente, mas Ele crescerá em intensidade conforme as pessoas ao redor Dele responderem. Se Ele dissesse o que eu digo, Ele afastaria as pessoa Dele. Ele não vê diferença entre fundamentalistas Cristãos, fundamentalistas Judeus, fundamentalistas Mulçumanos, e por aí vai, e não fundamentalistas. Ele não faz estas diferenciações. Ele tem milhares de seguidores que em algum nível O experienciaram, e eles O conhecem. É difícil descrever. Ele é totalmente tolerante, não exclusivo.

P. Você poderia clarificar uma vez mais a "forma" pela qual Maitreya aparecerá na televisão. Por exemplo, ele será um homem sendo entrevistado por pessoas como Ted Koppel (apresentador Americano bem conhecido)?
R. Maitreya não usará Seu nome, Maitreya, mas será entrevistado como "um de nós" em uma grande rede de televisão por "pessoas como Ted Koppel", embora não necessariamente por Ted Koppel.

P. Se perguntado, Maitreya admitiria ser o Cristo ou Instrutor do Mundo?
R. Inicialmente, não. Ele usaria outro método para não responder diretamente, ou a pergunta não surgiria. Eventualmente, é lógico, Ele afirmará Sua identidade para mais e mais pessoas. Lembre-se que Ele já encontrou e

apareceu para muitos líderes em muitos campos dos assuntos humanos. Eles serão encorajados a virem adiante e tornar conhecido seu apoio. Isto, inevitavelmente, estimulará e encorajará as massas a emprestarem suas vozes às demandas por partilha e justiça e então preparar o caminho para o Dia da Declaração.

P. Existem muitos diplomatas, figuras conhecidas, políticos e jornalistas que serão encorajados a virem adiante depois da primeira entrevista para confirmarem suas experiências de, e convicção sobre a identidade do Senhor Maitreya?
R. Eu acredito que sim. É lógico, podem levar várias entrevistas e algumas reações positivas da mídia para inspirar pessoas deste nível a virem adiante. Houve uma terrível falta de coragem até agora.

P. Eu li uma mensagem de Maitreya em seu site na qual Maitreya diz que Ele está vindo tão logo que "de fato surpreenderá"? (1) Isso quer dizer que todas as condições para Seu trabalho público já foram satisfeitas? (2) Maitreya está se referindo a uma grande entrevista quando Ele diz isso?
R. (1) Quase. (2) Não necessariamente grande.

P. Quando Maitreya começar Suas aparições na mídia, mesmo que Ele não esteja dizendo quem Ele é inicialmente, seria aconselhável para colaboradores que reconhecerem Maitreya não chamarem atenção à Ele fora da rede (incluindo família e amigos) porque isso seria uma interferência no livre arbítrio de um indivíduo em reconhecer Maitreya por ele mesmo?
R. Sim. Eu várias vezes tornei claro á colaboradores que este não deve ser o procedimento. É muito importante, principalmente em relação a mídia, que seu e o livre arbítrio dos outros não sejam infringidos, e que eles possam responder à Maitreya pelo que Ele está dizendo como um homem entre os homens, e não como o Cristo ou Instrutor do Mundo.

P. Se nós acharmos que nós reconhecemos Maitreya quando Ele estiver falando com a mídia, mas Ele ainda não tiver se declarado como Maitreya, como nós devemos agir em relação a mídia?
R. Nós não devemos fazer nada em relação a mídia, a não ser tornar conhecido que Maitreya e Seu Grupo estão no mundo. Não é nossa tarefa apontar para Ele para a mídia. Eles, como toda a humanidade, precisam fazer o reconhecimento por eles mesmos. Se pessoas acreditam, certo ou errado, que Maitreya é o Cristo, o Imam Mahdi, Buda Maitreya, o Messias ou Avatar Kalki, e aceitarem Seu conselho por causa disso, isso não quer dizer que eles estão, eles mesmos, prontos para fazerem as mudanças que devem assegurar a preservar o mundo e a humanidade com ela. Nós precisamos reconhecer Maitreya, não porque nós achamos que Ele é Maitreya, ou o Cristo ou o Messias, ou o que seja, mas porque nós concordamos com o que Ele está dizendo, porque nós queremos para o mundo o que Ele diz ser necessário para o mundo: justiça, partilha e liberdade para todas as pessoas, a não porque nós achamos que Ele é o Instrutor do Mundo ou algum outro grande ser espiritual.

P. Maitreya parecerá fisicamente como Ele mesmo – isso quer dizer, como Ele realmente é – quando Suas primeiras entrevistas acontecerem, ou Ele estará em um "disfarce" diferente – como Ele normalmente está quando Ele aparece para as pessoas?
R. Quando Ele aparece para pessoas, Ele está normalmente usando um "familiar", uma pessoa criada através da qual parte de Sua consciência se manifesta. Mas quando Ele aparecer abertamente ao mundo, embora não usando o nome Maitreya, Ele aparecerá como na verdade Ele é, no corpo auto-criado no qual Ele se manifesta agora no mundo.

P. (1) Maitreya se parecerá como ele apareceu em Nairobi quando ele fizer sua primeira aparição na televisão? (2) E quanto ao Dia da Declaração?

R. (1) Não. (2) Não.

P. Quando nós vermos Maitreya na televisão, seu Mestre disse que nós experienciaremos Seu raio ou energia. Isso será como uma antecipação do Dia da Declaração com uma benção acontecendo?
R. Será uma experiência espiritual, mas sempre no nível da pessoa. As pessoas podem apenas suportar o que elas podem suportar; elas podem apenas ser quem elas são. Algumas pessoas imediatamente sentirão e reconhecerão Maitreya como o gigante espiritual que Ele é. Outras responderão mais ao que Ele diz; isso irá satisfazer seus sentimentos por justiça e propósito. Mas este fluxo espiritual sempre acontecerá. Eu duvido que será tão forte quanto no Dia da Declaração.

P. Maitreya é citado como tendo dito "quando este princípio (partilha) for aceito, eu irei me declarar". Isso é muito diferente de sua própria previsão sobre a entrevista na televisão e a quebra no mercado de ações, etc. Então quem está certo, você ou Maitreya?
R. É lógico, Maitreya está certo – e eu também. Sua declaração sobre Quem e o Que Ele é não ocorrerá até que a humanidade tenha aceitado o princípio da partilha. Isto levará à Sua aparição diante de todo o mundo no Dia da Declaração. As entrevistas de televisão e quebra na bolsa de valores irão anteceder isso.

*P. (1) Maitreya está consciente a todo o momento do pensamento de todos? (2) Ele se torna consciente quando nós estamos pensando Nele? Por exemplo, quando nós pegamos cópias da **Share International** e lemos sobre Ele, um fragmento de Sua atenção é atraída para isso? (3) Ele poderia pegar qualquer instrumento musical e tocar a composição mais complicada? (4) Ele poderia pintar uma obra de arte? (5) escrever uma grande peça como Shakespeare? (6) Ele poderia cantar como Elvis?*
R. (1) Sim. (2) Sim. (3) Sim. (4) Sim. (5) Sim. (6) Não!

P. Até onde a aura de Maitreya se irradia do local onde Ele reside em Londres?
R. Ela envolve o mundo inteiro.

P. (1) Quão receptiva, do ponto de vista da Hierarquia, a humanidade está presentemente [2002] para as idéias de Maitreya? (2) O aumento do medo e tensão fecham as pessoas psicologicamente para Suas idéias?
R. (1) Vinte e cinco por cento são muito receptivos; 40 por cento são razoavelmente receptivos; 35 por cento não são receptivos. (2) Não, o oposto. Medo leva as pessoas a agirem histericamente – como nos EUA hoje – ou a procurarem por respostas aos problemas.

P. (1) Maitreya continua a se encontrar com políticos e jornalistas? (2) O visitante Lhe faz perguntas? (3) Eles sabem quem Ele é? (4) Eles O ligam com o seu trabalho e informação?
R. (1) Políticos, sim. Jornalistas, não. (2) Sim. (3) Como um todo, não. (4) Alguns poucos o ligam.

P. Eu estou confuso quanto a emergência de Maitreya. Eu consigo entender que leis kármicas estão sobre consideração aqui afim de não infringirem nosso livre arbítrio. Eu apenas fico preocupado algumas vezes se os agentes das forças da "luz" prestam atenção nestas coisas. Nós temos muitas pessoas loucas prontas a se explodirem (com muitas outras) no suposto nome de Deus. Elas parecem não terem problema (ou consciência) de karma, livre arbítrio, etc. Se elas realizarem algum grande ataque terrorista (nuclear, químico ou biológico) não parece que o planeta, ou a raça humana, estarão por aqui para a Emergência. Como isto está karmicamente correto?
R. É lógico, é precisamente por isso que este momento é um de tanta tensão e crise. Mesmo assim, Maitreya e os Mestres devem obedecer a lei kármica – mesmo que nós não obedeçamos. Nós precisamos confiar que Maitreya sabe

exatamente quando – e quando não – intervir, e mesmo assim, continuar dentro da lei kármica.

P. Você não acha que a coisa mais importante não é se Maitreya aparecerá ou não, mas nós agirmos de coração aperfeiçoando nosso amor e expressarmos o que nosso amor diz? Este não é o único caminho para a Autorealização?
R. Com respeito, isso soa muito bom, mas isso é a realidade? Esta abordagem é a norma ao redor do mundo? Se sim, então porque nós temos estes vários problemas: pobreza e fome em meio a plenitude; guerras e ameaças de guerra; colapso ambiental; crime e abuso de drogas em uma grande escala; terrorismo global se tornando mais sofisticado – a lista é sem fim. É óbvio que o mundo em geral, não age do coração ou expressa amor perfeito. Talvez aquele que fez a pergunta seja uma exceção. Talvez ele ou ela de fato pratique o caminho do coração e amor em ação. Talvez seja ainda um Mestre, sem a necessidade por Maitreya ou Seus ensinamentos. Para o resto de nós, no entanto, a ajuda e conselho de Maitreya e Seu grupo é essencial se nós quisermos sobreviver. Ele é a nossa linha da vida para o futuro.

P. Quando Maitreya nos ofuscar no Dia da Declaração, todos sentirão uma sensação física?
R. Ele disse que quando Sua energia, isto quer dizer, o Princípio Crístico, fluir, será como se Ele abraçasse todo o mundo. As pessoas sentirão isso – mesmo fisicamente. Conforme a energia do Princípio Crístico fluir através dos quatro níveis do corpo etérico para o plano mais baixo – que está bem acima do gás físico – isso será sentido no corpo físico como uma retumbante vibração. Se você é de alguma forma consciente do corpo etérico, você experienciará isso como uma sensação física muito poderosa. De outra forma, você provavelmente sentirá isso como uma pressão na parte de cima da cabeça durante o ofuscamento. Então, você ouvirá Suas palavras internamente em sua própria língua.

*P. É dito na **Bíblia** que o Cristo retornará em um "momento de Glória". Qual será o "momento de glória" de Maitreya que todos nós poderemos ver e reconhecer?*
R. Este "momento de Glória" é, é lógico, um termo simbólico para Seu status espiritual reconhecido por todos. Isto ocorrerá no Dia da Declaração, quando Ele ofuscar toda a humanidade.

P. Como nós saberemos quando ligar a televisão para o Dia da Declaração?
R. Vocês serão informados de antemão pela mídia. Em todos os diferentes países, a mídia dirá que ela convidou Maitreya para falar com todo o mundo. Vocês conhecerão o Homem Que vocês estiveram vendo, e Ele falará com todo o mundo simultaneamente. Eles ligarão todas as redes por satélite, que estão na verdade lá para este evento – não para que nós possamos ver a Copa do Mundo, mesmo sendo tão animadora. Eles estão lá para que, pela primeira vez na história humana, o Instrutor do Mundo possa vir e falar diretamente com toda a humanidade.

P. O que acontecerá se pessoas não tiverem uma televisão?
R. Elas irão ouvir em sua cabeça – é um contato telepático. Você não precisa estar vendo televisão, mas então você não verá Seu rosto. Você pode estar embaixo de um carro, consertando o carro, mas você ouvirá Suas palavras; coloque esta chave inglesa no chão e ouça!

P. No Dia da Declaração, a cara do Instrutor (Maitreya) aparecerá para espectadores da TV diferentemente (de acordo com várias raças e culturas) ou como o mesmo homem ao redor do mundo?
R. Ele aparecerá como o mesmo homem para todos.

P. Crianças poderão experienciar a Benção no Dia da Declaração?

R. No Dia da Declaração, todas as pessoas com idade superior a 14 anos ouvirão as palavras de Maitreya em suas mentes em sua própria língua. Não é uma questão de que crianças mais jovens não podem experienciar Sua Benção – ao contrário. Mas é mais uma questão de se suas mentes podem entender e se relacionar com Sua mensagem.

Até a idade de 14 anos, há pouco foco mental na média das crianças, então abaixo desta idade, a criança não entenderia o que ele ou ela está ouvindo. Mas a cada idade, cada um irá entender (ou não) de acordo com seu desenvolvimento. Maitreya sabe exatamente o ponto de evolução de qualquer criança e o estado de seus chakras, o que eles podem absorver, o que seria seguro. O estado de saúde de todos, idade e por aí vai, serão levados em consideração. Este é o milagre do ofuscamento onipresente.

P. Que critério será utilizado para determinar quem será curado no Dia da Declaração?
R. Karma e fé. Aqueles cujo karma permite, e aqueles cuja fé os abram para a energia do Princípio Crístico conforme ele flui de Maitreya, serão curados.

P. Como é possível para Maitreya se conectar com nós telepaticamente (no Dia da Declaração) quando a maioria de nós somos agitados e temos "microfones" mentais quebrados"? Esta condição crônica não é apenas curada por meditação regular e profunda?
R. Sim, eu concordo que a maioria de nós não têm o foco mental interno ou a aura magnética que torna a telepatia consciente possível, mas o Dia da Declaração deve ser visto como um evento e situação únicos para Maitreya. Para Ele, não há separação. Ele é onisciente e onipresente. Ele irá ofuscar as mentes da humanidade de tal forma a nos tornar-- temporariamente-- abertos à Sua mensagem.

P.Depois do Dia da Declaração, todos estarão conscientes do fato da presença de Maitreya e aquele do Seu grupo, os Mestres da Sabedoria?

R. Eu não posso falar por todos, mas a vasta maioria da humanidade terá ouvido Suas palavras telepaticamente no Dia da Declaração, e parece óbvio que o tempo e recursos da mídia daí em diante serão devotados a tornar conhecido o conselho e prioridades de Maitreya. Deve-se lembrar que não haverá gravação da mensagem telepática que Maitreya dará, e sem dúvidas, haverá uma lembrança ruim e citações errada de Seu significado. Mas Maitreya estará disponível para tornar claro da forma normal, em mais entrevistas, o significado exato de Suas palavras.

P. Quando Maitreya tiver emergido abertamente, Ele e outros Mestres continuarão a aparecer para pessoas, como relatado nas "cartas ao editor" na revista **Share International***?*
R. Conforme necessário, sim.

P. Depois que Maitreya oficialmente anunciar a Si Mesmo ao mundo no Dia da Declaração, quanto tempo demorará até que ele introduza os Mestres ao mundo?
R. Maitreya provavelmente introduzirá a idéia dos Mestres como Seus discípulos durante o ofuscamento no Dia da Declaração. A introdução de pelo menos alguns dos Mestres ocorrerá logo depois.

P. O Mestre Jesus também tornará conhecida Sua presença no mundo?
R. No Dia da Declaração, Maitreya introduzirá, não os Próprios Mestres, mas o fato de Suas presenças. Depois, os Mestres virão adiante um por um para Se tornarem conhecidos. O Mestre Jesus será um dos primeiros a virem adiante.

P. Você acha que a maioria dos Cristãos reconhecerão e aceitarão o Mestre Jesus, assim dissipando seus medos de Maitreya como o anticristo?
R. A resposta curta para esta pergunta é sim, eu acho. Jesus é provavelmente o mais bem conhecido de todos os

Mestres, e milhões irão provavelmente segui-Lo inicialmente, talvez indefinidamente. Isto está bem, porque os objetivos de Maitreya e do Mestre Jesus são os mesmos.

P. Os Cristão continuarão a seguir e adorar o Mestre Jesus ao invés de Maitreya?
R. Muitos Cristãos podem, depois do Dia da Declaração, seguir o Mestre Jesus porque eles conhecem Seu nome. Talvez eles verão o Mestre Jesus como o Cristo e Maitreya como Seu superior. Isto não importa realmente. E eu duvido que Maitreya ficaria chateado!

P. Quando Maitreya Se apresentar ao mundo, como você acha que as pessoas reagirão à Ele?
R. Bem, depende de quem elas são. Depende de seus planos de fundo religioso. Depende, eu acho, se eles são Piscianos ou Aquarianos em seu pensamento. O mundo está dividido em dois: aqueles que competem e aqueles que cooperam. Ele defende a cooperação, mas aqueles que não conseguem viver sem competir, aqueles de consciência Pisciana, tenderão a rejeitarem a idéia da partilha e justiça no mundo como uma condição para paz. Isto não quer dizer que eles querem a guerra, mas eles certamente não querem paz se isso quer dizer abrir mão de alguma coisa. Eles não vêem que você não pode ter para sempre uma sociedade justa se em algumas partes do mundo há justamente o oposto. O mundo é um, e quanto mais cedo todas as pessoas perceberem isso, mas cedo nós teremos um mundo decente para vivermos.

Depende de quem você é. Se você está morrendo de fome, se você está faminto – Ele está falando sobre alimentar os famintos, partilhar os recursos do mundo – você irá segui-Lo ou não? É lógico que você irá. Pode ser que aqueles no mundo que não têm posses, que são dois-terços da população mundial, serão os primeiros a reunirem-se ao redor Dele. Isso criará uma grande opinião pública mundial. Esta galvanizada, educada, energizada, adequadamente guiada opinião pública é uma força contra a qual nenhuma nação pode fazer frente. Não demorará muito antes que o mundo seja verdadeiramente um, até que nós comecemos a criar as instituições que irão delinear a forma da nova sociedade.

P.Como os líderes responderão ao discurso de Maitreya no Dia da Declaração?
R. Depende de quem eles são. Quem irá responder a Maitreya? Mais importante do que os líderes mundiais, é a população mundial, homens e mulheres de boa vontade em cada país, sem exceção. Líderes fazem o que eles fazem afim de manterem as pessoas quietas. Se as pessoas em todos os lugares se levantarem e exigirem justiça, paz e partilha, os lideres teriam que responder; e na França, Grã-Bretanha, Alemanha, Japão, os EUA, os líderes teriam que responder ou atirar nelas – um ou o outro.

Existem pessoas em posições altas, nos serviços diplomáticos, em governos, na indústria, no mundo financeiro, em grupos religiosos, que sabem que Maitreya está no mundo. Elas O viram, elas foram à uma conferência (em 1990 em Londres) onde Ele apareceu (e desapareceu), e falou com elas. Elas sabem Quem Ele é, elas estão simplesmente esperando ver Sua cabeça "acima do horizonte", e então falarão. As pessoas o seguirão. Os presentes líderes não precisam liderar o caminho – o momento deles é passageiro; eles são principalmente um grupo de pessoas do passado e eles serão relegados ao passado.

COMO MAITREYA E OS MESTRES TRABALHAM?

"Quando o Dia da Declaração chegar, vocês saberão que aquele Irmão ensinou a vocês mais de uma vez, mostrou-lhe o caminho para Deus, e liberou os Ensinamentos da Verdade de Deus. Meus amigos, o tempo chegou para aumentar esta Verdade, para mostrar à vocês que conhecer Deus é um ato criativo, conhecer Deus é entrar na Própria Deidade. Apenas assim nós podemos conhecer a verdade de nossa existência. Neste tempo vindouro, este conhecimento será de vocês." (Maitreya, da Mensagem N° 112)

P. O quão próximo Maitreya trabalhará com a humanidade quando Ele for abertamente aceito? O quanto Ele direcionará as coisas ou Ele apenas responderá com conselho?
R. Maitreya está aqui para aconselhar, guiar e ensinar. Ele não está aqui para dirigir nossas ações e não irá fazê-lo. Ele é um instrutor. Os Mestres, Seus discípulos imediatos, estarão disponíveis com Seus conhecimentos superiores e experiência para ajudar e aconselhar, assim como Maitreya também. Mas nós precisamos querer o que nós precisamos fazer. Maitreya irá delinear de forma ampla a direção geral de nosso pensamento. Isto quer dizer: um sentimento de unicidade com a humanidade; a absoluta necessidade de partilhar os recursos do mundo; e o fim da guerra e terrorismo como uma forma de resolver problemas internacionais. Quando nós mostrarmos que entendemos isto, a ajuda e conselho que nós poderemos usar serão oferecidos. Mas nós precisamos querer as mudanças por nós mesmos; de vontade, fazer estas mudanças de bom grado. Os Mestres não vêm para nos falar o que fazer. Maitreya disse: "Eu sou o Arquiteto, apenas, do Plano. Vocês, Meus

amigos e irmãos, são os dispostos construtores do Brilhante Templo da Verdade." O templo da verdade sendo a nova civilização.

P. Maitreya irá se focar em questões práticas – família, vizinhança, relacionamentos e por aí vai?
R. Sim. Ele é um homem prático, envolvido em nossos problemas práticos. Estas são Suas prioridades. Os Mestres não são místicos; nós somos os místicos. Nós mistificamos tudo. Os Mestres são Conhecedores da Sabedoria. Conhecimento mais amor é sabedoria. Esta é a "sabedoria viva", a sabedoria prática de viver de forma inofensiva em corretas relações – é isso com o que Eles estão preocupados. Você verá que Maitreya é muito simples. Ele é um gigante espiritual, mas Ele não sai por aí com Seus olhos em direção ao céu! Ele está envolvido na Vida e no relacionamento do amor. [Para mais leituras sobre as prioridades de Maitreya, nós aconselhamos "Maitreya's Priorities" em *Maitreya's Mission, Volume Three,* Capítulo 1.]

P. Qual Maitreya pensa que é o problema mais urgente no mundo no presente?
R. A ação mais importante com a qual Maitreya está preocupado é o salvamento de milhões de pessoas que atualmente morrem de fome em um mundo de plenitude. Ele diz que nada O leva tanto à dor quanto esta vergonha: "O crime da separação deve ser abolido deste mundo. Eu afirmo este como o Meu Propósito." Então, o primeiro objetivo de Maitreya é o de mostrar à humanidade que nós somos um e o mesmo; seja lá onde vivamos, seja lá qual a nossa cor, plano de fundo ou crença religiosa, as necessidades de todos são as mesmas.

Igualmente importante e tão urgente é a salvação de nosso planeta da destruição para a qual ele está se dirigido através de nossa má utilização dos recursos do planeta. Governos hoje estão se tornando cada vez mais conscientes, depois de muitos anos de informação de cientistas, que o aquecimento global é uma realidade. Aquecimento global é agora entendido em certo grau, mas a responsabilidade do homem por ele ainda não é consciente para todas as autoridades nacionais. Esta é uma das mais importantes percepções que nós teremos que fazer – que o homem é responsável por pelo menos 80 por cento do aquecimento deste planeta, e se isso continuar, isso irá drasticamente afetar nossas vidas diárias. Maitreya e os Mestres, apenas, possuem o exato conhecimento de como proceder, mas nós já sabemos os primeiros passos (a necessidade de se restringir emissões de carbono, entre outros). Mas a urgência de ação provavelmente ainda não é totalmente reconhecida por governos. A destruição de árvores no planeta – por exemplo, uma área do tamanho da Bélgica de floresta nativa é destruída cada ano na América Central e do Sul – tem um profundo efeito no oxigênio essencial no mundo.

    A necessidade por partilhar os recursos do planeta é a ação número um que Maitreya enfatizará. Isto irá criar a confiança que abrirá o caminho para a solução de todos os outros problemas, nacionais e internacionais.

P. Já que você disse que há um plano passo a passo para salvar milhões da fome – primeiro, ajuda de emergência, e então um novo sistema de distribuição através da ONU – quais seriam os passos a se tomar para começar o processo de recuperar o planeta? Haveria um plano de ação de emergência equivalente inicialmente, e se sim, o que nós deveríamos fazer?
R. As prioridades imediatas são lidar com a poluição e o aquecimento global. A pior, mais perigosa poluição, vêm de nossas usinas nucleares e da indústria nuclear em geral. Isto precisa acabar o mais cedo possível.

    Poluição, principalmente radiação nuclear, de acordo com os Mestres, já é a causa número um de mortes no mundo. Ela diminui tanto a atividade do sistema imunológico, que as pessoas sucumbem para várias doenças como pneumonia, gripe, AIDS, HIV e por aí vai. O próprio ar que nós respiramos, a água, o solo, estão totalmente poluídos, e nós estamos destruindo o próprio planeta que nós precisamos para nossa existência continuada e aquela de nossas crianças. Uma das principais coisas que acontecerão depois do Dia da Declaração é a inclinação da atenção de forma bem forte para a limpeza do meio ambiente e tornar esta Terra viável novamente. Cada ser humano, de qualquer idade, estará envolvido neste processo. Assim que as necessidades dos milhões passando fome forem satisfeitas, assim que o processo de partilha estiver a caminho, a atenção de todos deve se virar para apoio de nossos ecossistemas, de outra forma, não haverá planeta.

O Próprio Maitreya disse que a salvação do meio ambiente deve se tornar a prioridade número um de todas as pessoas, jovens e velhas. Os efeitos do aquecimento global nas calotas de gelo, por exemplo, são agora evidentes à todos. Um gigantesco programa de reflorestamento espera nossa atenção; isso, é lógico, levará tempo para ser conseguido, mas um começo pode ser feito agora.

P. Já que o aquecimento global não irá parar imediatamente, mesmo que o suprimento de 200 anos de areias petrolíferas no Canadá (número da BBC News) e ainda maiores suprimentos de carvão nunca sejam queimados, nós devemos antecipar um derretimento das calotas polares pelos próximos vários séculos que farão com que muitas áreas costeiras se tornem inabitáveis?
R. Passos serão dados para diminuir este risco.

P. Você pode explicar por que, se o aquecimento global é um grande problema, Maitreya "trouxe a Terra um pouco mais próxima do Sol"? Isto não aumenta o aquecimento e, se sim, nós podemos assumir que se as mudanças climáticas acontecerem ou não, isso não se mostrou como mais perniciosos do que se Maitreya não tivesse realizado esta ação bem bizarra?
R. Vinte por cento do aquecimento global é causado pelo fato da Terra ter sido trazida um pouco mais próxima do sol. Oitenta por cento é causado pela nossa má utilização de

recursos e emissões de gás. Por que Maitreya faria isso? É preciso assumir que isso está sobre a Lei e é para o benefício da humanidade. Isto fará com que grandes áreas do norte da Europa, Ásia, Canadá e Rússia, agora em sua maior parte cobertas de gelos pela maioria dos meses do ano, se tornem extraordinariamente férteis para se cultivar alimento. Isto também reforça a necessidade por ação da nossa parte para limitar o aquecimento global.

*P. Na edição de Junho de 2003 da **Share International**, na seção dos ensinamentos de Maitreya, é dito: "Aproveite o clima quente, a prematura primavera e desabrochar da vida ao redor de você. Isto não tem nenhuma relação com buracos na camada de ozônio ou o "efeito estufa". O que aconteceu é que o ritmo da rotação da Terra foi diminuído e a Terra ficou mais próxima do sol. Isto aconteceu de forma que possa existir mais vegetação para alimentar o mundo." Se o "efeito estufa" e o aquecimento global em particular são vistos como sendo problemas sérios globais, porque esta citação dos ensinamentos de Maitreya implica que o aquecimento global é um desenvolvimento positivo?*
R. É uma questão de grau. A diminuição da rotação da Terra é controlada e sobre a lei – os efeitos são previsíveis e dentro de limites. O "efeito estufa" e aquecimento global, o resultado da poluição, são, ao contrário, foras de controle (com exceção através do fim da poluição, e são também uma ameaça ambiental, em alguma extensão, imprevisíveis e irreversíveis. [Os ensinamentos de Maitreya publicados na revista *Share International* estão compilados no livro *Maitreya's Teachings: The Laws of Life.*]

P. Eu fui inicialmente introduzido à história de Maitreya no começo dos anos 1980s por um anúncio de jornal dizendo "Não haverá Terceira Guerra Mundia".. Eu nunca duvidei da presença de Maitreya e eventual emergência, e me juntei à protestos anti-guerra, mas eu agora me pergunto se aquela declaração de jornal não era de alguma forma super-otimista?

R. É verdade que muitas pessoas ainda temem uma terceira guerra mundial, e a recente invasão do Iraque, unilateralmente e preventivamente pela América e Grã-Bretanha, aumentou a tensão mundial de forma incomensurável. Ambições de longo prazo dos EUA, como ditas abertamente pelos seus líderes mais "beliciosos", não ajudam a criar harmonia e relações cooperativas. No entanto, apesar destes problemas reais ,a Hierarquia não tem dúvidas da eventual inspiradora justiça e portanto paz.

Maitreya, você pode ter certeza, não veio ao mundo para assistir sua destruição. Paz, hoje, não é uma opção, mas uma necessidade absoluta para a humanidade sobreviver. Isso sendo assim, Maitreya, você pode ter certeza, usará todos os Seus vários meios para assegurar que Seu plano tenha sucesso.

P. Você disse que uma das prioridades de Maitreya seria encontrar uma solução ao conflito no Oriente Médio, e que ele não será resolvido até que Ele tenha de fato vindo adiante. Isto é porque as diferentes pessoas envolvidas no Oriente Médio (Mulçumanos, Judeus e Cristãos) responderão à Ele como o Instrutor do Mundo, e reconhecerão que Ele veio para todos eles, e que seus separatismos começarão a mudar a partir desta reposta?
R. O problema Palestino/Israelenese, que é central aos problemas do Oriente Médio, eu acredito, serão apenas resolvidos através da ação de Maitreya. Mas mesmo Maitreya não pode impor uma solução; Ele pode apenas aconselhar. Mas Sua aceitação por incontáveis milhões no mundo como um instrutor espiritual e orientador, tornará mais fácil para os mais fanáticos Judeus Israelenses e Mulçumanos Palestinos aceitarem a necessidade de viverem juntos lado a lado. Isto pode apenas acontecer quando justiça for dada aos Palestinos. Quando justiça é feita, e vista sendo feita, totalmente e completamente, então a solução se tornará aceitável aos Mulçumanos, e mesmo que de má vontade, pelos Israelenses. Eles precisam eventualmente aprender a viverem a lado a lado, e eles

podem apenas fazer isso em um estado de justiça. De outra forma, inevitavelmente ocorreria uma guerra perpétua entre os dois.

A não ser que os problemas do Oriente Médio sejam resolvidos, nunca haverá paz no mundo, e nós sabemos que se não existir paz, então o futuro para a humanidade será de fato muito ruim. Mulçumanos aguardam o Imam Madhi, e os Judeus aguardam o Messias, e muitos estarão prontos para reconhecerem Maitreya como tal. Isso irá, eu tenho certeza, suavizar suas posições em relação um com o outro.

Mas a coisa importante é que justiça deve ser dada aos Palestinos. A Cisjordânia foi um presente pelo falecido Rei Houssein da Jordânia como uma terra para os Palestinos, e isso quer dizer toda a Cisjordânia, não a fração que foi oferecida aos Palestinos até agora. Isso necessita do retorno dos 4.7 milhões de refugiados, principalmente no Líbano, para suas terras, e o status de Jerusalém – que é de grande importância para Mulçumanos, os Judeus e Cristãos – ser mudado para uma aberta, central cidade para todos os três grupos. Eu acredito que se precisará que Maitreya leve à esta reconciliação, mas assim será.

P. Há uma escala de tempo para isso?
R. Bem, *nós* criamos a escala de tempo. É uma questão da vontade das pessoas da área; elas criam a escala de tempo. Se elas estão dispostas a fazerem as mudanças, aceitarem a resolução do conflito e tornarem uma paz justa possível, isso pode ser muito rápido. Isso depende da resistência dos grupos fanáticos de ambos os lados. Mas quando todo o mundo está sendo mudado, você verá que essas áreas pequenas, mesmo que não sejam tão importantes, verão ser cada vez mais difícil resistir às mudanças que trarão soluções pacíficas.

Essencialmente, todos querem um mundo em paz. Apenas criadores de guerra malucos querem guerra, que é boa para os negócios e cria grandes lucros para certos grupos. Mas quando a humanidade como um todo ver a necessidade absoluta por paz, então o fim da própria guerra pode ser alcançado. Esta é a tarefa de Maitreya, ensinar à humanidade estes fatos. É uma questão de mostrar aquilo que as pessoas sabem: eu sei, você sabe, todos sabem da necessidade por paz, mas ainda nós temos guerras. É porque as pessoas pensam que pelo uso da guerra, em alguma medida, elas podem restabelecer o equilíbrio da forma delas. Mas quando o mundo como um todos está indo para uma certa direção, então você verá que estas pequenas facções seguirão da mesma forma.

P. Os Mestres unirão as várias religiões, e se sim, como?
R. Maitreya não vem como um líder religioso, mas como um espiritual. Todos os aspectos da vida são fundamentalmente espirituais; tudo que nos beneficia, que nos leva à um nível mais elevado, é, na verdade, espiritual. O objetivo da Hierarquia não é a unificação de todas as religiões. Elas continuarão, embora depuradas e purificadas pela presença dos Mestres e uma melhor compreensão humana. Emergirá gradualmente, não exatamente uma nova religião, mas uma nova abordagem para a Divindade através da invocação e não pela adoração, envolvendo não crença, mas consciência, e experiência, do Divino.

*P. Em seu livro **The Great Approach** foi lhe perguntado se o Mestre Que foi o Profeta Maomé é agora responsável pela fé Islâmica. Você respondeu "Não". Mas eu me lembro de você dizendo que Maomé faria o mesmo pelo Islã (retirar os dogmas criados pelo homem) o que Jesus faria pelo Cristianismo.*
R. O Profeta Maomé foi responsável pelo Islamismo, mas não é um dos Mestre Que irão Se exteriorizar neste tempo vindouro. O trabalho de purificação do Islamismo (em linha com a purificação do Cristianismo realizada pelo Mestre Jesus) será portanto levado adiante por um iniciado nomeado pelo Mestre Que foi Maomé.

P. Se o seu Mestre ou o Cristo pudessem se encaminhar diretamente ao Conselho de Segurança das Nações Unidas e os líderes mundiais, o que Eles aconselhariam de maneira a consolidarem uma real e permanente reaproximação no Oriente Médio, e com o mundo Mulçumano de forma geral?
R. A criação de justiça e liberdade através da partilha dos recursos essenciais ao redor do mundo. Partilha é inevitável, e quanto mais cedo ela for entendida e implementada, mais cedo paz e segurança para todos serão alcançados. Isto é verdade para o Oriente Médio e o mundo em geral.

P. Maitreya está colocando formas de pensamento para nós respondermos?
R. A Hierarquia está colocando formas de pensamento a todo o momento – o cinturão mental do mundo está saturado com formas de pensamento, muitas de nenhum valor, criadas pela humanidade. A maior parte da humanidade não pode se ligar em um nível alto o suficiente às formas de pensamento dos Mestres. Mas algumas são grandes idéias às quais mentes sensíveis da raça se ligam. Por exemplo, repentinamente, ao redor do mundo, um grupo de cientistas têm a mesma idéia, que foi colocada lá por um Mestre, ou mesmo por Maitreya. Os Mestres vêem a necessidade por um certo passo à frente ser tomado, uma certa tecnologia, por exemplo, ser descoberta. Eles são os inspiradores, as "musas", do mundo. Por trás de todos os grandes instrutores, cientistas, pintores e artistas de todos os tipos, esteve a Hierarquia, através dos séculos.

    Rembrandt é Rembrandt porque ele era um iniciado de terceiro grau, inspirado pelo seu Mestre; o mesmo com Ticiano e Mozart. Leonardo era um iniciado de grau 4.4, praticamente um Mestre. Toda a cultura do mundo foi criada pelos iniciados do mundo, enviados para estimularem a humanidade na gradual expansão de consciência que é a evolução.

P. Comunicação com os Mestres; isso é algo que qualquer um pode aprender a fazer?

R. Telepatia é uma atributo natural da humanidade. Todo mundo é telepático, mas são em sua maior parte não treinados. Em pessoas que são muito próximas, maridos e esposas, amantes, ou mãe e filho, nesses casos a telepatia acontece naturalmente. Não é algo sobre o qual elas dependem ou mesmo pensam sobre. Telepatia como usada pelos Mestres e aqueles discípulos que podem responder é deliberado, consciente manuseio da faculdade mental que todos nós temos em potencial, mas que para a maioria, não é desenvolvida. Ela pode ser fortalecida pelos Mestres, mas os Mestres não fazem isso apenas por diversão, ou para terem algo a fazer. Eles apenas fazem isso por uma razão – porque Eles estão treinando alguém que tem um trabalho específico para fazer, para serem capazes de se comunicarem rapidamente e facilmente com eles sem passarem pelo problema de aparecerem diante deles, que precisa de muito mais energia do que um lampejo de pensamento. Pensamento está em todos os lugares. Os planos da mente estão abertos à todos. Todos os pensamentos viajam no plano mental. Quando pensamento é dirigido e controlado, como entre um Mestre e um discípulo, você tem comunicações instantâneas. Algumas vezes, o Mestre aparece para aqueles discípulos que ainda não desenvolveram a possibilidade do contato telepático. Quando, através do processo natural de evolução, a aura do discípulo se torna magnética, telepatia é estabelecida como um resultado. Não é algo que nós aprendemos a fazer. Com prática, ela se torna mais "fluente" e útil. No entanto, os Mestres não trabalham nos planos astrais. Portanto, não é possível ser contatado por um Mestre de nenhuma forma consciente até que se tenha alcançado a polarização mental, ao invés da astral. Polarização mental começa em cerca da metade do caminho entre a primeira e segunda iniciações.

P. Quando uma pessoa está recebendo mensagens de um Mestre, o Mestre a selecionou para este propósito?
R Sim. Eles não fazem nada simplesmente por acaso. Tudo que os Mestres fazem tem uma razão por trás. Eles tem o

comando de tremendas energias, mas eles são bem "sovinas" com a energia. Eles não gastam uma libra de energia – Suas energia e energia em geral.

P. *Habilidades telepáticas dependem do pupilo?*
R. É lógico, sim. Se o Mestre quer fazer contato com um discípulo que pode ser alcançado telepaticamente, eles usarão a telepatia. Se não há razão para usá-la, Eles não a usam. Os Mestres, é lógico, têm total controle mental e usam a telepatia exclusivamente entre Eles Mesmos.

P. *No "Livro do Apocalipse" da **Bíblia**, existem sinais que os Cristãos listam que mostrarão o retorno de Jesus Cristo – nação se erguerá contra nação, fomes, terremotos, angústias no mundo que nunca foram vistas antes. Mesmo assim, não é para termos medo, porque estes sinais devem ocorrer; e nós devemos estar gratos porque eles significam que nossa libertação está próxima. Por que nenhum desses ou outros versos das escrituras são citados por Maitreya? Sim, você ensina sobre o amor por nossos irmãos, mas e quanto aos sinais do fim do mundo como previstos na Bíblia?*
R. Sim ,eu acredito que existam muitas referências nas escrituras da Bíblia Cristã para este "fim dos tempos" no qual nós vivemos, e eu freqüentemente cito elas em discussões. Mas elas precisam de cuidadosa e meticulosa interpretação que, naturalmente, eu dou. Elas são freqüentemente simbólicas e não devem ser tomadas literalmente. Por exemplo, e mais particularmente, elas não se referem ao fim do mundo, mas ao fim da era – a era Pisciana – que é a realidade astronômica que nós estamos atualmente experienciando. É este fato que traz à vida publica aberta não apenas o Mestre Jesus, mas o Cristo, Maitreya, que Se manifestou através de Seu discípulo Jesus por três anos, como contado nas escrituras cristãs.

P. *Algum tempo antes de sua morte em 1982, Swami Muktananda disse à um grupo de devotos que o dia viria*

quando a América devastaria as nações do Oriente Médio, mas seguindo a isso, um grande Instrutor apareceria no mundo e que flores cresceriam em seus pés na devastação. (1) É isso o que nós estamos vendo no Oriente Médio agora, através das ações diretas da América ao invadir o Iraque, através de sua política externa e, por representação, através de seu apoio à Israel? (2) O momento da emergência total de Maitreya está relacionada com os atuais eventos do Oriente Médio? (3) Esta previsão de Swami Muktananda deve ser vista como precisa?
R. (1) Sim. (2) Não. (3) Sim, mais ou menos.

P. Os pobres são uma parte importante daquilo que nós chamamos "o corpo de Cristo"? Você poderia falar mais sobre a realidade deste símbolo, por favor?
R. Já que os pobres são para Maitreya, provavelmente, a parte mais importante do "corpo de Cristo", então a resposta é sim.

O "corpo de Cristo" significa aqueles nos quais o Princípio Crístico está despertado. O trabalho de Maitreya é o de unir aquelas almas despertas em grupos que Ele irá iniciar na primeira e segunda iniciações neste ciclo evolucionário.** Este é um processo em andamento. Ele o faz agora. Ele irá acelerar o processo. Ele viajará de país a país, unindo os grupos que estão prontos para a primeira e os poucos que estão prontos para a segunda iniciação. Este é o "corpo de Cristo".

Ele inclui pessoas que são pobres, pessoas que são ricas, pessoas que são da classe média, média-baixa, média-alta, e significa qualquer um no qual a luz divina do Cristo, a alma da humanidade, está acesa. Ele trabalha com ela, fomentando-a, intensificando-a, levando estes ao portal da iniciação. Estas duas primeiras iniciações preparam o homem ou mulher para a terceira iniciação, que é tomada diante de Sanat Kumara, o Senhor do Mundo.

Isto é algo, é lógico, que diz muito respeito a Ele, o Cristo, porque qualquer um que vem diante de Sanat Kumara na terceira iniciação teve que vir diante do Cristo nas primeiras duas iniciações anteriormente. É neste sentido que o Cristo é o "caminho" e "a vida" na terminologia Cristã.

As últimas poucas vidas (podem ser 20 ou 30, que são poucas comparadas com o que passou antes) do ciclo evolucionário, são cobertas por cinco grandes expansões de consciência. É isso que a iniciação é. É uma expansão de consciência, e elas começam na primeira iniciação e culminam na quinta, a iniciação da Ressurreição, que o torna um Mestre. Todos os Mestres passaram por estas cinco experiências iniciatórias, e todos nestes planeta irão eventualmente passar através do mesmo processo.

O "corpo do Cristo" é uma simbologia Cristã, e realmente significa aqueles nos quais o Cristo Se encontra e Se expressou – as pessoas nas quais o Princípio Crístico está desperto. Existem grupos que eu conheço, indivíduos e grupos, que pensam que o Cristo não pode viver no mundo porque não há o suficiente "deles", isso quer dizer, aqueles nos quais o Princípio Crístico está desperto. Por "eles", eles querem dizer que eles se vêem como mais especiais do que a pessoa comum. Eles são aqueles que têm, à mim, uma idéia sentimental (mas para eles real) de que o Cristo é uma realidade para eles. Eu não quero dizer necessariamente em um sentido religioso, embora também possa ser, mas que o Cristo está desperto neles, e talvez esteja. Mas este também é o caso em milhões de pessoas. Não é aquele pequeno grupo que acredita que o Cristo não possa estar no mundo porque existem tão poucos "deles".

O Cristo está desperto, por exemplo, em 850.000 pessoas em encarnação que já tomaram a primeira iniciação. Isso são muitas pessoas, então como elas podem ser apenas algumas poucas, apenas aquelas pessoas em certos grupos que se consideram tão iluminadas e tão especiais, que o Cristo não pode estar no mundo ainda porque não há o suficiente "delas".

Isto não tem sentido, é um grande glamour. Existem cerca de 850.000 pessoas em encarnação nas quais o Cristo nasceu, que tomaram a primeira iniciação, e cerca de

240.000 que tomaram a segunda iniciação. Então, o Cristo nasceu em muitos. Existem entre 3.000 e 4.000 pessoas no mundo que tomaram a terceira iniciação.

O "corpo do Cristo" são aqueles nos quais o Princípio Crístico está desperto. Pelo fim desta Era, isso será a vasta maioria da humanidade que terá tomado a primeira iniciação, alguns a segunda, alguns menos a terceira, a quarta, e menos ainda, a quinta.

Este é o "corpo do Cristo". Isto não quer dizer os pobres, exclusivamente, como foi sugerido nesta pergunta. Não há dúvidas que os pobres, vivendo em angústia pela falta das necessidades cotidianas, pelos quais Maitreya têm uma preocupação especial e um carinho especial, e pelos quais sente uma responsabilidade especial, são especialmente caros à Ele, porque Suas necessidades atraem Seu amor e Ele é o Senhor do Amor.

**[Para mais informações sobre iniciações, dirijam-se à *Missão de Maitreya, Volumes Um, Dois* e *Três* por Benjamin Creme.]

P. Eu segui a Share International por mais de 10 anos agora. Eu fiz doações, fui à meditações, li alguns dos livros, li o site regularmente, e vi Benjamin Creme em pessoa em Los Angeles e Londres. Na verdade, eu planejei uma férias em Londres com minha família de forma que eu pudesse ir à uma palestra. Eu sou sensível o suficiente para sentir o poder espiritual ao redor do Sr.Creme; isto me manteve ouvindo. No entanto, enquanto eu acho a orientação espiritual iluminadora, eu acho a política freqüentemente errada.

Em particular eu leio a seção "Perguntas e Respostas" da sua revista cuidadosamente todo mês e me tornei cada vez mais consternado com a orientação política do Sr. Creme e da Share International. Isto me impediu uma participação mais profunda na organização. Já que existem tantas declarações revoltantes e irresponsáveis feitas que não tem nenhuma confirmação em nenhuma outra fonte, eu comecei a duvidar do resto do programa.

Eu não estou lhe pedindo para esconder sua orientação. É bom que você a exponha tão abertamente. No entanto, isso limita sua credibilidade comigo e talvez outros. Muitas felicidades de qualquer forma.
R. Eu tenho certeza que aquele que escreveu a pergunta não está sozinho com seu descontentamento com o elemento político/econômico na *Share International*. Eu posso entender seu desânimo com o que ele vê como uma cada vez maior invasão ao elemento "espiritual" da revista pelo puramente "político". Quando muitas declarações políticas são profundamente críticas à presente administração dos EUA e sua massiva contribuição ao presente caos, medo e estresse no mundo, o leitor é Americano e vê as ações dos EUA de forma diferente, isso deve ser doloroso, vexatório e embaraçoso. Assim, também, é para muitos aqui na Grã-Bretanha onde nós vemos nosso governo mentindo e espionando em apoio à ação dos EUA.

Deve ser lembrado que nossa abordagem nunca é partidária-política, e que a pergunta vem de leitores que sem dúvidas estão procurando respostas verdadeiras que eles não estão conseguindo em outros lugares. Certamente, nem todos eles acham as respostas como sendo "declarações revoltantes e irresponsáveis", mas como tendo a confirmação da Hierarquia. A intenção confessa da *Share International* é a de unir as duas maiores direções do pensamento da Nova Era – a política e a espiritual – para mostrar a síntese subjacente às mudanças políticas, socais, econômicas e espirituais agora acontecendo globalmente.

Para *Share International*, tudo que faz a vida melhor para a humanidade é espiritual, seja no plano físico, o mental ou o "espiritual". Por que Maitreya caminha com milhões de manifestantes que pedem por ação política pelo fim da guerra e da injustiça? A crise espiritual através da qual todos nós estamos dolorosamente passando está focada hoje nos campos político e econômico. Apenas nestas áreas ela pode ser resolvida e abrir o caminho para o estabelecimento de corretas relações humanas.

P. Instrutores espirituais do passado que nós conhecemos não estavam associados com a política, mas focadas no desenvolvimento espiritual. Eu estou confuso pelo seu foco na política. Por favor, explique.
R. Por que eu estou interessado na política? Porque eu estou interessado em amor, em justiça e liberdade para todos. Política, economia, esta é a realidade. Isto é espiritual. Onde você para de ser espiritual?

Quando você para de ser espiritual? Como você mede o grau de espiritualidade em uma pessoa? Tudo na vida é espiritual – nós vivemos em um universo espiritual. Não poderia ser de outra forma. O problema é, nós não o tornamos espiritual. Nós temos a política mais corrupta que já foi imaginada, as estruturas econômicas mais corruptas que já foram criadas pelo homem. Elas não são espirituais, mas elas deveriam ser, e devem ser, espirituais.

Sobre o que eu estou falando é política, economia espiritual, e você verá que o Próprio Cristo, o Próprio Senhor Maitreya, o Instrutor do Mundo, irá se concentrar no começo na política e na economia. O que eu estou dizendo vem Dele. Estes são Seus pensamentos, Suas idéias. Política, economia, devem ser as coisas mais espirituais. Política é sobre como as pessoas vivem juntas, e economia é sobre como nós distribuímos os recursos do mundo. Se você não é espiritual, você o faz de forma ruim, como hoje. Quem é espiritual: estes instrutores espirituais sobre os quais você está falando, ou eu, que estou interessado em como as pessoas vivem? Você não pode falar sobre desenvolvimento espiritual para pessoas que têm que trabalhar 16 horas por dia, por um dólar por dia, para impedirem que suas famílias passem fome. A crise hoje é uma espiritual, mas ela é focada nos campos político e econômico e pode apenas ser resolvida lá.

P. Como você pode combinar este "milagre" da existência de Maitreya com o livre arbítrio do homem?
R. Você verá em prática que não há contradição. Para os Mestres, o livre arbítrio do homem é sacrossanto e nunca é

infringido por Eles. A vinda ao mundo cotidiano de Maitreya não é realmente um milagre. Ele o faz sobre a Lei e de acordo com o plano, e Sua vinda foi preparada por muitos anos. É simplesmente que as pessoas, em sua maior parte, não ouviram sobre Ele ou o Plano.

P. Já que a humanidade tem livre arbítrio, como é possível para Maitreya intervir em um dado momento sem infringir nosso livre arbítrio? Ele disse: "Estejam eles prontos ou não, Eu estou vindo."
R. Sua vinda, mesmo sendo tão não declarada, não infringe nosso livre arbítrio. Eu temo que a maioria das pessoas, mesmo agora, não estão consciente de que Maitreya está no mundo.

P. Por que não pedir à Maitreya para falar diretamente ao invés de através de você?
R. Você não cria um cachorro e late você mesmo! A vinda de um instrutor da estatura de Maitreya precisa ser preparada com muita antecedência.

P. Se os Mestres devem esperar pela humanidade produzir bom karma antes que Eles possam Se manifestar abertamente, isso quer dizer que Eles também estão sujeitos ao karma?
R. Os Mestres não criam karma pessoal, mas Suas ações em relação a humanidade estão condicionadas pelo karma mundial. A humanidade não precisa "produzir bom karma", mas apenas tomar os primeiros passos sozinha na direção certa.

P. Falando de forma realista, se Maitreya de fato aparecer, não existirão pessoas que irão querer se livrar dele? E então?
R. Este problema não é relevante. "Falando de forma realista", existirão muitas pessoas que irão querer se livrar Dele. Existem pessoas que querem se livrar de qualquer um que esteja fazendo bem para o mundo – como Martin Luther

King, ou o Presidente Kennedy; isto sempre acontece. Abraham Lincoln foi assassinado porque ele tinha uma visão de corretas relações para a humanidade. Eles podem tentar, mas eles falhariam. Como você se livra de alguém se você não consegue nem vê-Lo, se Ele pode desaparecer à vontade; Que é onisciente, onipresente. Que criou um corpo e pode recriá-lo em um momento?

P. Você diz que o Mestre Jesus está próximo de Roma. Você quer dizer geograficamente ou Ele pertence à comunidade Cristã, mesmo desconhecido?
R. Eu quero dizer geograficamente. O Mestre Jesus tem vivido nos arredores de Roma por vários anos. Ele não é um membro da comunidade Cristã, mas ele tem discípulos no Vaticano através dos quais Ele trabalha.

P. Você disse que o Príncipe Gautama foi ofuscado pelo Buda. Se sim, isso significa que todo o seu trabalho de ascetismo, meditação, desapego, etc, foi dado à ele por um Mestre. Então, isso limita a possibilidade de alcançar "conhecimento" e experiência espiritual. Qual é o seu ponto de vista?
R. Eu disse que o Príncipe Gautama foi ofuscado pelo Buda, mas Gautama já era um iniciado de quarto-grau, então todas as qualidades que você menciona já estavam presentes Nele. O que Ele ganhou pelo ofuscamento foi o alto status espiritual que inspirou milhões por 2.600 anos.

P. O que aconteceu para fazer com que os Mestres retornassem ao mundo agora, depois de 98.000 anos?
R. Os Mestres por muito tempo souberam que Eles retornariam ao mundo. Eles chegaram ao fim de uma era ou ciclo em Suas próprias evoluções, que necessita de Seus retornos em formação grupal afim de mostrar Suas capacidades de funcionarem simultaneamente em todos os planos. A única pergunta era quando. O mundo tem armas nucleares; existem 28 países que têm a bomba atômica, dos quais apenas uma fração seria necessária para destruir toda

a vida na Terra. Então, os Mestres estão vindo adiante com Maitreya (Ele anunciou Sua intenção de retornar em 1945, no final da Segunda Guerra Mundial) afim de impedir a destruição de toda a vida em nosso planeta. Se tivéssemos a permissão de continuarmos como estamos agora, nós poderíamos destruir toda a vida. As tensões inerentes nas divisões entre países desenvolvidos e em desenvolvimento têm dentro delas as sementes de uma guerra mundial, e ela seria nuclear.

P. Os 14 Mestres na Terra reencarnaram ou eles apenas apareceram na Terra?
R. Eles estão em Seus próprios corpos físicos adultos, e emergiram de Seus retiros para assumirem Suas posições no mundo moderno.

*P. Na **Share International** de Março de 1994, havia um artigo do sábio Sul Indiano Sri Ganapathi Sachchidananda Swamiji que tem seu ashram em Mysore. Ele realiza os mesmos milagres que Sai Baba e Swami Premamanda, materializando vibhuti, medalhões, assim como também foi mencionado no artigo na **Share International**. Na noite de Mahashivaratri, Sri Ganapathi-ji tambem materializa shivalingams, mas diferente de Sai Baba e Swami Premananda, não de sua boca, mas do fogo durante uma cerimônia do fogo. Para isso, Swamiji entra na fogueira realizando a cerimônia por cerca de meia hora sem ser machucado pelas chamas do fogo. Seus discípulos acreditam que ele sejam o Avatar do Deus Hindu Dattatreya, através do qual as energias de Brahma, Vishnu e Shiva trabalham. O seu Mestre pode explicar como ele se encaixa no círculo de Mestres da Loja Sul Indiana e sua relação com os outros dois grandes Avatares que nós conhecemos no Sul da Índia, Sai Baba e Swami Premananda?*
R. Sri Ganapathi Sachchidananda Swamiji é um de um pequeno grupo de Avatares que vieram em encarnação neste momento de perigo e mudança para humanidade. Os

métodos e abordagens podem variar, mas o propósito subjacente é serviço ao planeta Terra.

P. Em *O Reaparecimento do Cristo* por A.A. Bailey, é dito: *"É a Presença Física sobre nosso planeta de tais reconhecidas figuras espirituais como o Senhor do Mundo, o Ancião dos Dias; os sete Espíritos Que estão diante do Trono de Deus; o Buda, o líder espiritual do Oriente; e o Cristo, o líder espiritual do Ocidente – todos Os quais são trazidos neste tempo de clímax à nossa atenção."* A palavra "físico" neste contexto quer dizer que: (1) Sanat Kumara é um homem vivendo no planeta como o Senhor Maitreya? (2) Os sete Espíritos também estão se manifestando em forma física? (3) Que o Buda está realmente em um corpo humano e em nosso planeta neste momento? O parágrafo certamente fala como se isso fosse verdade.
R. (1) Sim. (2) Sim. (3) Com exceção de Maitreya, o Cristo, todos os personagens cujos nomes foram citados acima existem, em corpos físico etéricos, no centro mais alto, Shamballa.

O QUE NÓS DEVEMOS FAZER?

"Torne conhecido para todos que Eu estou aqui, que Eu retornei e prepare os homens para o Dia da Declaração, o dia da Dádiva de Deus; pois neste dia, os homens celebrarão juntos a realização da Vontade de Deus. Minha vinda não é nada menos do que isso."
(Maitreya, da Mensagem Nº 25)

P. Eu li sua informação sobre Maitreya, mas eu não sei como dar um espaço à ela em minha vida cotidiana. Eu acredito nela, mas ela também parece irreal. Você pode ajudar?
R. A vinda de Maitreya é sobre mudança mundial: mudança em nossa compreensão das necessidades do planeta, o

equilíbrio ecológico; a mudança em nosso sistema econômico de forma que todas as pessoas estejam alimentadas e cuidadas adequadamente; mudança nas relações entre pessoas em todos os lugares. O verdadeiro entendimento de que a humanidade é uma, mostrará a necessidade absoluta para esta profunda transformação. É a criação de um novo mundo.

Você não está sozinho no planeta e portanto, você verá que estas mudanças estão relacionadas com você e sua vida; e isto dará um sentimento mais profundo do verdadeiro significado da vinda de Maitreya.

Maitreya não vem sozinho, mas é o cabeça de um grupo substancial de homens perfeitos, os Mestres da Sabedoria. Conforme a humanidade aceitar seriamente o conselho e orientação de Maitreya e os Mestres, começará este processo de mudança mundial, que eventualmente, cobrirá cada aspecto de nossas vidas. Isso, é lógico, afeta você, assim como afeta todo mundo. Pense sobre a vinda de Maitreya desta forma e eu acho que você terá uma compreensão mais profunda do que Sua vinda significa.

P. O que nós devemos fazer agora que nós ouvimos sua informação?
R. Eu mesmo estou 100 por cento convencido, por causa da minha experiência de muitos anos, mas mesmo que você tenha apenas 5 por cento de certeza – faça o que eu estou fazendo – torne a história conhecida na melhor de sua habilidade – conte às pessoas, fale com a mídia, escreva artigos, crie encontros! Conte à todos que irão ouvir que este evento está acontecendo. Simplesmente, conte o que você sabe, ou no que você acredita.

Se você está de alguma forma convencido (não importa se você não sabe todas as respostas, apenas diga que você não sabe), diga o que você acredita. Desta forma, você está dando testemunho e pessoas irão ouvi-lo. Elas podem não necessariamente se convencer, mas elas ouvem a informação. Suas mentes se tornam mais abertas à possibilidade. Esta é a coisa importante.

P. O que eu posso fazer agora? Eu sou apenas um pequeno indivíduo.
R. Você não é apenas uma pessoa. Você é um de milhões, todos ao redor do mundo; milhões de pessoas que pensam de forma correta e de boa vontade. Junte-se a elas. Elas, como você, querem paz no mundo, e sabem que são as injustiças no mundo que impedem a paz. Torne isso conhecido. Junte-se a outros, junte-se a grupos.

A humanidade é uma tremenda força para o bem, e as mudanças irão ocorrer através da elevada voz das pessoas. A voz das pessoas de todas as nações se elevando, inspirada por Maitreya, liderada por Ele, ativada por Maitreya – saibam elas que Ele é Maitreya ou não. A vontade unida das pessoas forçará os governos a mudarem.

P. O bem triunfará sobre o mal?
R. Sim! De fato. O fim é conhecido pelo começo. O bem irá inevitavelmente triunfar, porque é a vontade do Ser divino Que anima este planeta. Mas nós precisamos fazer com que seja assim. Isto não acontece por si mesmo. Maitreya coloca desta forma: "Nada acontece por si mesmo. O homem deve agir e implementar sua vontade." Não importa que ideais nós temos, o quanto nós amaríamos os outros para estarmos em paz, ter o suficiente para comer, não ter milhões passando fome, nenhuma criança com barrigas vazias, porque elas não têm comida por semanas. Nada disso nunca mais. Isto não acontece, a não ser que nós ajamos afim de fazê-lo.

P. Se você está correto em pensar que o Cristo e os Mestres estão aqui e vindo ao mundo, isso não é algo totalmente muito grande, uma experiência muito grande para as pessoas comuns lidarem?
R. Você verá que Maitreya e os Mestres, embora de nosso ponto vista sejam seres espirituais perfeitos, são diretos, simples, e totalmente respeitosos em suas abordagens para com a humanidade. Eles não, e nunca irão, se comportar

como Deuses remotos da imaginação popular. Eles são homens, como nós, mas homens sem defeitos. Eles têm um imediato senso de humor, simplicidade de abordagem, e Eles conhecem melhor do que nós a natureza espiritual interna de todas as pessoas. Maitreya é o Senhor do Amor; a Hierarquia Espiritual é o Centro no planeta no qual o Amor de Deus é expresso, e isso exemplifica Suas abordagens para conosco. Ela é incondicional.

P. Nós podemos falar à qualquer um sobre sua informação e sobre Maitreya?
R. Qualquer um! Qualquer um que irá ouvir você! Mas se você acredita nela apenas um pouco, bem pouquinho – conte-a deste nível. Se você tem convicção completa – torne-a conhecida deste nível. Conte-a aos outros. Desta forma, você cria um clima de esperança e expectativa para Sua vinda, de forma que Ele possa entrar em nossas vidas sem infringir nosso livre arbítrio. Esta é a coisa mais importante que você poderia fazer hoje.

P. Qual é o serviço mais importante que nós podemos fazer neste momento na história do mundo?
R. Torne conhecido o fato do retorno da Hierarquia em trabalho aberto, e a presença e planos de Maitreya e os Mestres.

P. Conforme a Nova Era começar, que mudanças simples nós podemos fazer?
R. Implementar a partilha. Criar justiça e portanto paz. Criar corretas relações humanas e portanto criar unidade e síntese que é a chave para a era de Aquário. Perceba que nós todos somos Um, irmãos e irmãs da sociedade humana una. Todas diferenças aparentes não são de importância – seja lá que nacionalidade ou cor, elas não são importantes. Todos nós tivemos provavelmente vidas em diferentes raças, cores e nacionalidades. Se você é Holandês agora, quem sabe, você possa ser Chinês, Africano ou Romeno na sua próxima vida. Torne-se amigo deles agora!

P. *Eu estou feliz por ter encontrado seu site e em aprender sobre Maitreya e seus ensinamentos. Isto me permitiu abrir meus olhos e encontrar muitas respostas para minhas perguntas. Mas há algo que eu não entendo. Desde que eu li sobre Maitreya, eu me tornei super-sensível. Cada vez que eu vejo algo triste ou horrível na televisão, ou mesmo que eu veja uma mulher idosa descendo a rua ou algo lindo, eu começo a chorar. Se alguém me diz suas tristezas ou dores, eu posso senti-las emocionalmente e mesmo fisicamente como se eu fosse esta pessoa. Eu gostaria de saber se eu posso fazer algo quanto a isso, porque eu não consigo controlá-lo e eu estou começando a me sentir ridículo nos olhos de meus amigos e das pessoas em geral.*

Desde que eu soube de Maitreya, eu tenho um conflito interno. Eu não sei como incorporar os ensinamentos de Maitreya na minha vida material e nesta sociedade material. Não há dia que termine sem eu pensar sobre os problemas do mundo. Isso faz com que eu fique apático, e sinta-me culpado e inútil. Eu sei que você não é um psicólogo, mas se você pudesse me dar um conselho, isto certamente me ajudaria.

R. Esta reação é uma brilhante expressão de como uma resposta sensível, mesmo para as idéias, os pensamentos e o significado interno das palavras de Maitreya, abre o coração. Foi isso o que aconteceu neste caso. O escritor está respondendo (corretamente) à aquilo que Maitreya chama "honestidade de mente e sinceridade de espírito" inerentes em todos nós, mas infelizmente, dificilmente tão bem demonstrada. Ela é uma expressão da unicidade e unidade subjacentes de toda a humanidade. Maitreya, no entanto, também defende o desenvolvimento do desapego. Eu acho que é o mesmo que os Budistas chamam de desapego, a falta a qual coloca o indivíduo em uma situação tão difícil. Ele/ela pode aprender a experienciar vividamente toda dor e sofrimento no mundo. Mas quando decisão é tomada para se fazer alguma coisa quanto a isso, para se envolver em sua cura, o primeiro passo em desapego pode ser tomado. Já que médicos e enfermeiras aprendem a lidar com as experiências mais cruciantes sem se envolverem emocionalmente, seus desapegos permitem eles a levarem adiante seu trabalho necessário. É por isso que Maitreya coloca o desapego de forma tão elevada nas qualidades a serem adquiridas.

O Próprio Maitreya é onipresente, experiencia de momento a momento a dor e sofrimento, a terrível, contínua agonia de milhões através do mundo, e mesmo assim, está desapegado e repleto de alegria; de outra forma, Ele não poderia ajudá-los ou levar adiante Sua missão.

Envolvimento em serviço é a forma ideal de se ganhar desapego. O escritor pode considerar se juntar à um grupo de Meditação de Transmissão como um primeiro passo nesta direção. Se eu posso dizê-lo, eu acho esta carta uma linda, eminentemente correta resposta aos pensamentos e idéias de Maitreya, o Senhor do Amor.

P. Eu costumava a acreditar na sua informação e esperava ver Maitreya todos estes anos, mas a história está se tornando cada vez mais difícil de se acreditar. Por que Ele não pode apenas aparecer totalmente publicamente agora? Certamente as coisas no mundo não podem ficar muito piores? Muitas pessoas não conseguem suportar ouvir ou ver mais as notícias – há muito sofrimento e muita coisa errada.

R. Eu consigo entender este sentimento, mas isso é apenas um sentimento e não leva em conta a Lei que Maitreya não pode ignorar: esta é a Lei do livre arbítrio humano. Em qualquer momento nos último 30 anos, se nós mesmos tivéssemos tomado alguns passos para consertarmos os males de hoje, em implementar o princípio da partilha, em restaurar justiça e paz ao mundo, então nós teríamos visto Maitreya abertamente há muito tempo. Culpe a nós mesmos e não Maitreya (ou eu)!

P. Eu me sinto triste quando os Mestres do mundo se escondem tão bem – nós estamos prontos para isso, nós estamos fartos de cada estupidez diária do mundo, por que eles não podem vir adiante agora, principalmente para aqueles que estão prontos?

R. Isto é parte da mesma idéia – sente-se e peça à Deus ou aos Mestres para virem e arrumarem nossa bagunça. Nós precisamos fazê-lo. Nós precisamos ser responsáveis pela bagunça que nós estamos criando. Nós não podemos nos sentar e contar com Deus ou os Mestres para fazerem isso para nós. Se nós não queremos isso, nunca acontecerá. A humanidade tem livre arbítrio – é o maior dos dons, a divindade na humanidade. Se nós não tivéssemos livre arbítrio, nós não evoluiríamos. Este livre arbítrio é sacrossanto no que diz respeitos aos Mestres, e Eles nunca irão infringi-lo. Então Eles não podem aparecer e limpar tudo para nós. Eles sabem que este não é um mundo amável para milhões e milhões de pessoas. Ele é bom para as bem alimentadas, bem ricas pessoas em bem sucedidos países Europeus, mas existem milhões de pessoas morrendo de fome, que vêem suas crianças morrendo porque elas não têm nada para lhes dar, porque não há nada por centenas de milhas em todas as direções – nem mesmo água potável para beber.

Nós somos tão complacentes – Europeus, Americanos, Japoneses, em nossas pequenas vidas confortáveis (eu sei que ela não é confortável para todos, mas em termos gerais) – nós não pensamos como a vasta maioria vive e morre. Se nós não vermos isso, nós nunca iremos mudar. Se nós quisermos que isto mude, nós precisamos agir – de outra forma isto não ocorrerá.

P. Você disse que Maitreya sabe que nós faremos as escolhas certas; isto dá a impressão de que tudo estará bem no final. Mas certamente nós temos que fazer os sacrifícios e fazer um esforço para mudar as coisas? Nós precisamos estar motivados para mudarmos.

R. Sim! Sim! Sim! Exatamente. Esta é a questão. *Nós* temos que fazê-lo; nós precisamos fazer as mudanças. Como Maitreya diz: "Nada acontece por si mesmo. O homem deve agir e implementar sua vontade." [Maitreya, da Mensagem Nº 31] Nós não podemos nos sentar e deixar que outra pessoa o faça. Se nós queremos mudar, nós temos que fazê-lo – chamar pela mudança, marcharmos, nos organizar, fazer tudo de legal para trazer nosso desejo por mudança ao conhecimento daqueles que podem produzir a mudança. Aqui está uma oportunidade para qualquer um liderar o caminho, chamar por mudança, começar o chamado Europeu por justiça e liberdade para todos. Por que não você? Por que me ouvir? Você poderia estar lá fora marchando com bandeiras pedindo por paz, justiça e liberdade no mundo. Esta é a única forma na qual isto ocorrerá. Isto pode ser inspirado por Maitreya; Sua energia irá levá-lo à manifestação. Mas nós precisamos fazê-lo. Nós precisamos exigi-lo.

A voz das pessoas está ganhando terreno – mas você precisa se esforçar para ouvi-la; nós precisamos torná-la mais alta. O que Maitreya pode fazer é educar, informar, inspirar, criar um veículo confiável – a voz das pessoas de todos os países do mundo – e criar uma massa articulada contra a qual nenhum país no mundo pode fazer frente. Nós precisamos de uma informada, educada opinião pública mundial para paz, justiça e liberdade. Nada menos que isso bastará. É assim que será.

P. Como nós devemos nos encaminhar à Maitreya, por exemplo, se nós quisermos "falar' com Ele ou pedir Sua ajuda?
R. Maitreya deu um simples, direito meio de contatá-Lo. Use a "Mão" de Maitreya que foi dada para este propósito. Simplesmente olhe para ela e isso imediatamente atrai Sua atenção para a pessoa pedindo por Sua ajuda. [Ver a fotografia da "Mão" de Maitreya na página 102.]

P. Eu estou de uma forma bem surpreso que a sua revista dê tanta importância aos milagres de Maitreya. Não que eu mesmo tenha a menor das dúvidas, mas ao invés, eu acho que falar muito sobre os milagres pode afastar muitas

pessoas do caminho. De uma forma, minha abordagem tenderia a ser a do seguinte modo: "Oh, Senhor, eu acredito em você APESAR de seus milagres." Ou talvez seja a palavra "milagre" com a qual eu não consiga me dar bem. Porque na verdade, o que nós chamamos "milagres" é algo perfeitamente natural para o Senhor Maitreya, e a coisa mais surpreendente quanto à eles é que nós não deveríamos estar surpresos. Você poderia comentar?
R. O escritor não está sozinho em sua resposta ao nosso relato sobre milagres, mas estes são sinais da presença de Maitreya, e para muitos, são uma indicação clara que Sua presença é um fato. Maitreya disse: "Aqueles que procuram por sinais irão encontrá-los, mas Meu método de manifestação é mais simples." [Maitreya, da Mensagem Nº 10] Para pessoas religiosas, eles são sinais de esperança, e muitos procuram, e até mesmo exigem, tais milagres antes que eles aceitem e acreditem na existência do Instrutor, seja lá por qual nome eles O conheçam.

P. É a minha imaginação ou há um número crescente de padrões de luz? Eles parecem estar em todos os lugares!
R. Você está bem certo. Eles estão aumentando de forma que eles são agora vistos em quase todos os países do mundo. [Veja exemplos de padrões de luz nas páginas 99-100.]

P. Existem muitas histórias de pessoas sendo curadas por padrões de luz que aparecem todos ao redor do mundo. Uma das funções deles é a de cura?
R. Os padrões de luz não são luzes curadoras por si, mas de tempo em tempo, Maitreya usa o fenômeno de luz para realizar os relatados "milagres" de cura.

P. Maitreya parece estar aparecendo para pessoas que sabem Sua identidade, e elas sabem que Ele sabe que elas sabem, etc. Esta é uma indicação que a Emergência entrou em uma nova fase?

R. Sim. Maitreya está certamente aparecendo cada vez mais abertamente para grupos envolvidos no trabalho do Reaparecimento, mesmo em disfarces já confirmados como sendo Ele. Isso certamente dá a impressão de que Sua aparição exterior está próxima, o que eu acredito que seja o caso.

P. Eu tenho a impressão que o Senhor Maitreya está Se mostrando mais, isso quer dizer, aparecendo para pessoas mais freqüentemente – ainda em disfarces talvez, mas deixando elas verem Ele mais como Ele realmente é? Este é o caso?
R. Não, este não é o caso. No disfarce de vários "familiares", Ele manteve a mesma freqüência de aparições por muitos anos, mas está aparecendo, como já declarado, mais freqüentemente em um disfarce que já foi confirmado como sendo aquele de Maitreya.

P. Eu leio o seu site regularmente. Por favor, explique por que os Mestres gastam Seus valiosos tempos para aparecer para alguém – ficar por algumas, uma hora ou duas, com pessoas que trabalham com você – quando Eles estão tão ocupados e existem muitos problemas no mundo, tantas pessoas para curar, resgatar e confortar. Isso não parece lógico.
R. A resposta está no fato de que quando Maitreya ou um Mestre aparece para alguém, não é o Mestre ou Maitreya que a pessoa vê e conversa com, mas um "familiar", uma forma de pensamento, que Ele pode investir com algum fragmento de Sua consciência. A maestria de um Mestre envolve ser capaz de dividir Sua consciência em milhares de atividades separadas e simultâneas. No caso de Maitreya, Ele é literalmente onipresente.

P. Quando Maitreya estiver no mundo e nós começarmos a agir, nossas ações serão potencializadas ou tornadas mais efetivas por Ele?

R. Maitreya está no mundo, mas uma vez que Ele emergir abertamente, cada ação que nós tomarmos na direção correta – isso quer dizer, em direção à unicidade, justiça, liberdade para todas as pessoas – irá invocar Sua ajuda e energia. Ele irá potencializar nossas ações e as mudanças irão proceder com enorme velocidade e ordem.

P. *(1) Quantas pessoas ouviram a informação sobre Maitreya? (2) Dessas, quantas estão abertas para a possibilidade dela? (3) Quantas pessoas realmente acreditam nela?* (**Share International**, Setembro de 2004)
R. (1) Cerca de 30 milhões. (2) Cerca de 20 milhões. (3) Cerca de 2 milhões.

P. *(1) Aproximadamente quantas pessoas, como parte de seus propósitos de alma, vieram em encarnação neste momento para ajudar a preparar o caminho para Maitreya e a Hierarquia? (2) Deste número, que porcentagem respondeu à este chamado e estão realmente envolvidas neste processo?*
R. (1) 4.600. (2) 70 por cento.

P. *Por que é tão importante estar encarnado neste momento?*
R. Este é um momento único na história da Terra. Um novo ciclo cósmico – a era de Aquário – está apenas começando; conseqüentemente, enormes mudanças estão à caminho em cada área da vida que irão ocorrer nos próximos 2.350 anos ou mais. Acima de tudo, uma grande mudança na consciência da humanidade irá gradualmente se desenvolver, maior de longe em profundidade e amplitude do que em qualquer ponto anterior na história. Este será o resultado do estímulo extraordinário dado à nossa evolução pelas energias de Aquário e pela exteriorização do trabalho da Hierarquia Espiritual pela primeira vez em 98.000 anos. O Cristo, o Senhor Maitreya, e um grande grupo de Seus discípulos, estarão fisicamente presentes por toda a Era,

ajudando a humanidade a evoluir em paz, liberdade e justiça.

Uma extraordinária oportunidade é assim oferecida para todos servirem ao mundo, ajudando a criar as novas estruturas, seja lá em que departamento da vida você for chamado. Quem não gostaria de estar encarnado em tal tempo?

P. Que diferença você acha que faz em uma vida da pessoa se ela acredita em reencarnação ou não?
R. É óbvio, não é, que se você "acredita", mesmo como uma idéia intelectual, que você viverá continuamente, isto remove de você os grandes medos da vida, principalmente, o medo da morte. Isso dá à você uma noção de proporção, e "legalidade" nesta vida e relaciona você, inevitavelmente, à Lei do Karma (de causa, e efeito), a lei básica governando nossa existência na Terra.

P. Você poderia, por favor, elaborar quanto a nós estarmos encarnados especificadamente para nos envolvermos no trabalho de Reaparecimento? Todos nós aqui (nesta conferência) estamos encarnados agora para este propósito?
R. Maitreya coloca isso tão claramente e mesmo assim você duvida Dele [ver a Mensagem de Maitreya N° 7]. Você quer que eu elabore quanto a isso? Ou isso é verdade ou não é verdade. O que eu poderia dizer que poderia adicionar uma parcela mínima de força à sua convicção? Você fala sobre confiança. Confiança é o resultado de convicção, e a convicção é o resultado da confiança. Você precisar ter a convicção. Você precisa ter a confiança. Você também precisa ter a experiência.

Se Maitreya diz à você que este grupo foi trazido ao mundo de maneira a fazer este trabalho, você pode acreditar nisso ou não. É óbvio que se você me pedir para elaborar quanto a isso, você não acredita nisso. Você realmente não tem a convicção de que isto é verdade e, portanto, você não faz muita coisa. Eu não estou falando quanto a todos, mas eu diria que a maioria das pessoas nesta sala agora não fazem muito a não ser "trabalhar sobre elas mesmas", o que não é muito. Você não pode fazer os dois.

Todos querem ser vistos, reconhecidos, tratados como discípulos. Discípulo quer dizer disciplina. É daí que a palavra vem: aquele que é disciplinado. Se você não é disciplinado, se você não está trabalhando, se você não está servindo, você não está fazendo o trabalho de tornar conhecida esta informação de todas as formas que você puder, tão freqüentemente quanto você puder, gastando tempo e energia, então você não o está fazendo, porque você não acredita nela. Maitreya disse que você veio ao mundo para fazer este trabalho. Alguém precisa fazê-lo; você entende? Alguém precisa fazê-lo.

Quando Maitreya fez uma Conferência em Londres em Abril de 1990, Ele estava vivendo em um dos templos (não o mesmo templo no qual Ele está agora), e Ele pediu aos swamis para escreverem os convites para a Conferência. Cerca de 350 pessoas foram convidadas e talvez metade a dois-terços delas vieram. Elas eram todas pessoas poderosas no mundo: reis, políticos e jornalistas, economistas e homens de negócios, líderes religiosos, etc. Haviam todos os tipos de pessoas, todas pessoas com uma grande sensibilidade, certamente inteligência, algumas com muito mais do que isso. Mas os swamis não escreveram os cartões de convite. Então, quem você acha que o fez? Maitreya. Maitreya, o Instrutor do Mundo e cabeça de nossa Hierarquia, a Encarnação do Amor, escreveu à mão os convites. Ele disse: alguém tem que fazê-lo. Ele não usaria a força ou mesmo ergueria Sua voz aos swamis; Ele apenas disse: alguém tem que fazê-lo. Mas eles não se engajaram neste tipo de coisa. Eles estavam muito mergulhados em suas próprias religiões, e então Maitreya, Que não está mergulhado na religião, escreveu os cartões.

Alguém tem que fazê-lo. Alguém precisa tornar esta informação conhecida. Isso não acontece por si mesmo. Como Maitreya disse: "O homem deve agir e implementar sua vontade." Você precisa fazê-lo. Você não pode apenas deixar isso para as outras pessoas. Isto é complacência – deixar isso para as outras pessoas fazerem.

    Eu não posso provar à você que você está no mundo agora, encarnado por esta razão. Eu não posso lhe dizer que você veio à encarnação para fazer este trabalho. Mas se Maitreya, Que está falando para os grupos, diz que você veio ao mundo para fazer isso, então eu acredito nisso. Eu não sei quanto a você. Você não precisa acreditar Nele. Ninguém está lhe pedindo para acreditar Nele. Você só pode acreditar Nele ou não acreditar Nele. Você precisa fazer isso sozinho, não porque Ele pede à você acreditar Nele, ou eu peço à você para acreditar Nele. Eu não me importo se você acredita Nele ou não.

    Ou você acredita que isso é verdade ou não, que Aquele Que disse isso foi Maitreya, que estas palavras vieram da mente de Maitreya e Ele as pronunciou (através de mim, é claro), mas Ele as pronunciou e eu acredito que elas são verdade. Que você não esteja fazendo isso de forma muito constante, eu também acredito que seja verdade, mas talvez eu esteja tendo um preconceito. Talvez eu espere muito. Eu acho que Maitreya provavelmente espera menos do que eu, porque Ele conhece você melhor do que eu.

    Mas tão pouco trabalho tem um grande efeito. Você ficaria surpreso. Então pouco trabalho percorre um longo caminho, tem um efeito que você não consegue imaginar. Você fala sobre esta história. Esta é a maior história no mundo. Não há nada que já foi dito que seja mais importante e mais iluminador do que esta história. Isso não é por minha causa. Eu estou apenas fazendo a minha parte do trabalho. É o evento mais importante na história do mundo até agora. Coisas enormes sairão disso, toda a transformação do mundo, uma transformação em formas que você não consegue nem sonhar, não consegue imaginar, com toda a nossa ficção científica por trás de você. Você não pode imaginar como o mundo será daqui 25 anos.

    Então, eu acredito que quando Maitreya diz que você veio à encarnação ao mundo para fazer este trabalho, eu acredito que Ele realmente quer dizer isso verdadeiramente, precisamente, simplesmente. Você veio em encarnação ao mundo para fazer este trabalho. Bem, faça-o. Simples assim. Faça-o!

P. Se Maitreya tem a intenção de usar uma oportunidade de aparecer na televisão em pouco tempo, seria mais útil para os grupos se focarem em feiras e palestras e no material de publicidade? Presumivelmente, Maitreya estará defendendo a partilha como a única solução duradoura para a injustiça e o terrorismo. Se isto está correto, então você aconselharia que nós nos foquemos em Suas preocupações sociais e, acima de tudo, partilha como a solução?
R. Sim, e a urgência de tornar conhecida esta informação.

*P. A exibição de fotos da **Share International** parece uma ótima abordagem para com o público. Os painéis de fotos podem não necessariamente falar sobre a emergência de Maitreya, mas eles mostram os problemas no mundo, educam as pessoas e mostram as prioridades de Maitreya. Você também recomendaria esta abordagem?*
R. Eu certamente recomendaria esta abordagem. Eu acho que é uma grande idéia, uma das muitas maneiras de se abordar o público. Isto é senso comum. Eu também promoveria a revista *Share International*, e isso é simples. A simplicidade é a nota chave. Você olha na parte de trás da revista, e ela chama a atenção para a capa e as páginas no meio. Se é assim, você pode pensar, esta é uma revista interessante.

Maitreya, Ele Mesmo, vestido como um jornalista, viu esta exibição no Japão muito atentamente por cerca de duas horas. Então, Ele comentou sobre ela muitas vezes. Ele disse que se muitas pessoas mostrassem aquelas fotos ao redor do mundo, elas iriam muito rapidamente ter um efeito de apontar às pessoas a direção da justiça. Eu acho que é óbvio que se você mostra tais fotos em contexto com a história do Reaparecimento, as pessoas entenderão sobe o que ela diz respeito. [Ver o artigo de Michiko Ishikakwa

"Maitreya visits SI Photo Exihibit", *Share International*, Julho/Agosto de 2000.]

P. Uma das tarefas de Maitreya será a de abrir nossos corações aos sofrimentos dos outros, e a exibição de fotografias serve para este propósito?
R. Certamente, uma das esperanças de Maitreya é a de abrir nossos corações ao sofrimento dos outros. É isso o que Ele faz todo momento que Ele libera Sua energia no mundo. Isto esteve no centro de tudo que Ele tem dito e tudo o que eu tenho dito em todas as palestras e textos que eu fiz. Isso é exatamente o que Ele espera fazer, abrir nossos corações ao sofrimento do mundo. Desta forma, você muda o mundo. Ele disse: "Tome a necessidade de seu irmão como a medida para sua ação, e resolva os problemas do mundo. Não há outro caminho." [Maitreya, da Mensagem N° 52]. Ele diz isso. A exibição de fotos serve à este propósito? Ela pode de certa forma fazer isso.

P. Você poderia falar sobre a natureza do amor e da consciência?
R. Sobre o que eu estou falando é a manifestação do amor. Amor não é algo que cria um sentimento amável e nós colocamos nossas mãos sobre o coração e dizemos: "Eu estou repleto de amor. Oh, eu realmente amo minha esposa, meus filhos e meus avós e as pessoas da minha comunidade. Mas eu não gosto desses Mulçumanos. Eu odeio esses Mulçumanos. Eles estão por trás do 11/9, eu tenho certeza. Eu odeio eles." Este é o amor como nós conhecemos o amor.

  Amor não tem nenhuma relação com isso. Amor é uma ação. É uma habilidade de agir de acordo com as necessidades da humanidade. Você precisa aprender a amar o mundo. Amar a si mesmo é fácil. Amar sua esposa e seus filhos é fácil, sua própria comunidade é fácil, sua própria nação, (está ficando difícil para os EUA), mas é relativamente fácil. Aprender a amar o mundo como um todo, ver as pessoas como um e respeitar a todos, com um direito pelo que o mundo tem a dar, isso é amor. Amor em ação é o que conta.

P. Por que você atormenta as pessoas com a esperança e a expectativa de que as respostas para os problemas do mundo virão fora delas mesmas? Qualquer paz que é imposta de fora, mesmo do próprio Deus, irá eventualmente ser vista apenas como uma outra forma de tirania. Verdadeira paz deve ser primeiro plantada como uma semente nos corações humanos individuais, então nutrida e cultivada até que ela seja finalmente estabelecida. Apenas, então, ela será capaz de crescer em maturidade, e deliciar o mundo com seus frutos há muito desejados e antecipados.
R. Eu realmente concordo – e é isso o que esteve acontecendo pelos últimos 30 anos.

P. Houve alguma mudança na consciência da humanidade desde sua primeira palestra nos EUA que poderia fazer com que o Cristo viesse adiante mais abertamente?
R. Sim, apesar das aparências, a humanidade está despertando para os seus problemas e, em alguma extensão, suas soluções. Do ponto de vista da Hierarquia, progresso real foi feito.

P. Por que as pessoas sentem as novas energias, mas os políticos não? Eles são pessoas também.
R. Sim, mas os políticos estão interessados em poder, todos eles querem manusear o poder. Poder é uma energia, e como todas as energias, pode ser utilizado sabiamente ou imprudentemente. Alguns políticos usam poder imprudentemente e causam várias crises. O tempo deles está chegando ao fim. A mais importante e poderosa estrutura no futuro será uma verdadeiramente educada, orientada espiritualmente e consciente opinião pública mundial. As pessoas irão verdadeiramente herdar a Terra.

Maitreya também vem para os políticos, mas Ele vem principalmente para as pessoas. Os políticos são tão egoístas, poderosos e gananciosos que eles podem cuidar deles mesmos. E eles normalmente cuidam!

P. Por favor, explique porque nós na América somos uma parte tão importante do trabalho de Maitreya? Nós realmente podemos fazer uma grande contribuição?
R. Porque a América é tão grande, tão rica, tão agressiva e portanto, tão influente, que ela tem um gigantesco impacto na direção a ser tomada pela humanidade. Isso pode ser para o bem ou para o mal. A presente administração [administração Bush] nos EUA esteve em um curso muito destrutivo, que poderia ser desastroso para o mundo e então precisa ser lidada de forma muita cautelosa, e uma clara compreensão de seus motivos e das forças que a impulsionam.

P. Sai Baba está pedindo aos seus seguidores para organizarem encontros públicos e falarem ao mundo sobre ele. Isso é novo. Ele está ajudando a erguer a consciência das pessoas para que elas estejam abertas à de Maitreya?
R. Sim.

P. A recitação diária da Grande Invocação ajuda a acelerar o processo de vinda de Maitreya?
R. Sim, e a emergência daqueles Mestres Que planejaram exteriorizar Seus trabalhos. [Veja A Grande Invocação na página 104]

MENSAGEM DE MAITREYA

"Meus caros amigos. Eu estou próximo de vocês agora.

Muitos de vocês aguardaram Minha presença por um longo período. Eu estou prestes a dar um passo adiante abertamente diante de todos os homens, e começar minha missão exterior.
Não há distância entre nós. Saibam isto. Entendam isto.
Quando vocês me pedem através da "mão" ou diretamente à Mim por ajuda, esta ajuda, vocês devem saber, é garantida. É possível que vocês não reconheçam que a ajuda foi dada, mas assim é. Confiem em Mim para ajudá-los, pois é para fazer isso que Eu venho.
Eu irei estimular vocês a trabalharem Comigo para o bem de todos.
Esta é a oportunidade para crescer mais rápido, mais rápido do que vocês jamais fizeram antes, e então de levá-los ao Pé Daquele Que nós chamamos Deus.
Não tenham medo dos muitos problemas que erguem-se agora quase diariamente no mundo.
Estes eventos são transitórios e logo os homens irão compreender que eles têm diante deles um futuro banhando em luz.
Assim será."

[Esta mensagem foi dada por Maitreya, telepaticamente através de Benjamin Creme, em 27 de Setembro de 2007, no fim de sua entrevista para um documentário de televisão no Centro de Informações da Share Holanda em Amsterdã, Holanda.]

ESTUDO E PRÁTICA DOS ENSINAMENTOS

"Logo, vocês Me verão completamente, e como vocês sabem, perceberão que para muitos, este encontro não é o primeiro. Muitos de vocês serviram-Me antes, há muito, muito tempo, e, vindo agora ao mundo, estão prontos mais uma vez. Saibam isso, Meus amigos, e tomem a oportunidade agora oferecida para servir-Me e ao mundo." (Maitreya, da Mensagem N° 88)

P. O Mestre de Benjamin Creme nos pede para fazer um estudo sistemático dos ensinamentos. No que diz respeito ao estudo, como nós podemos evitar o perigo de termos muita informação e não integrá-la, tendo uma indigestão espiritual? Há alguma forma prática de se evitar isso?
R. A maneira de se evitar uma indigestão espiritual e não fazer o melhor uso da informação que você está aprendendo, é a de praticá-la. Para que ela tenha algum valor em sua vida, você precisa colocá-la em prática, realmente praticar os ensinamentos.

    Os preceitos são dados afim prepararem o terreno para o uso correto dos ensinamentos. Existem pessoas que conhecem os ensinamentos de Alice Bailey como algumas pessoas conhecem a Bíblia, capítulo e verso. Elas poderiam citar quase qualquer página dos livros de cor. Mas elas não necessariamente vivem os ensinamentos, a não ser em uma extensão limitada. Ele é para elas algo como um corpo acadêmico de conhecimento, que tem o seu valor, mas não um grande valor. Você pode não saber nada sobre os ensinamentos, mas vivê-los diariamente. Esta ciência também não é algo que você pode ler em um livro e aplicar; ela não é uma ciência aplicada neste sentido. Ela é uma ciência que também é uma arte. É uma compreensão da natureza do universo, que é uma compreensão da natureza da vida.

Você só pode entender a vida no sentido macrocósmico se você a experienciou no microcosmo. Acima, como é embaixo. Você pode saber o que o maior é, se você experienciou em você o menor, porque há apenas uma única vida. A vida se manifesta como sistemas solares e também como o ser humano. É exatamente a mesma vida. É por isso que Sai Baba pode dizer: "Sim, eu sou Deus. Mas vocês, também, são Deus. Há apenas um Deus; que é tudo o que é, então como você poderia ser outra coisa se não Deus?" A diferença é, é lógico, que Ele sabe que Ele é Deus e, o que é mais importante, Ele demonstra isso, enquanto que nós não. Nós não sabemos isso e não demonstramos isso. Mesmo que nós soubéssemos isso, teoricamente, nós não necessariamente demonstraríamos isso. Você precisa saber isso no sentido de "sê-lo e demonstrá-lo.

Para invocar a intuição, você precisa satisfazer os requerimentos da mente inferior. Então, estes ensinamentos são dados de uma forma em particular, e eles são difíceis. Eles não são feitos difíceis propositalmente, mas eles são difíceis porque o Mestre DK teve a tarefa de levar abaixo o Seu intuitivo, Búdico conhecimento de tudo o que Ele está falando, para um nível no qual ele significará alguma coisa para nossas mentes concretas inferiores – e invocar nossa intuição. Dizer que você entende os ensinamentos por intuição quer dizer que a alma está envolvida. Invocando a intuição, que vem da alma, você está fazendo contato com a alma. Quanto mais os ensinamentos se tornam uma parte cotidiana de sua consciência, não algo quanto ao qual você precisa olhar para cima, mas relacionado com a realidade cotidiana, mais a intuição fluirá, mais o seu entendimento intuitivo dos ensinamentos acontecerá. Se o seu entendimento intuitivo é assim, assim será a sua vida. Isso irradia-se para fora, porque é da natureza da alma se irradiar. Conforme isso se torna parte da sua cotidiana, viva consciência, isso se irradia para fora e se comunica com outras coisas. Então você tem a criatividade do discípulo. Não é algo simplesmente a se procurar em um livro. Você pode fazê-lo para sempre.

P. No que diz respeito às prioridades de estudo, nós deveríamos começar com os ensinamentos de Maitreya, os livros de Alice Bailey, ou os livros de Benjamin Creme?
R. Eu diria, já que eles são os mais simples, mais direitos, e mais próximos a você, os ensinamentos de Maitreya até onde eles foram passados através de Seu associado. [Ver *Maitreya's Teachings: The Laws of Life.*] Este é o primeiro passo. Eles são talvez os mais difíceis, mas o de mais fácil acesso, porque é assim que Maitreya falará com o mundo, levando os ensinamentos abaixo até o nível mais simples. Ele estará falando com todo o mundo que precisa mudar em consciência. Ele não vai dizer: "Faça esta meditação ou esta meditação, então alinhe este chakra com aquele chakra, então construa a ponte', e por aí vai. Ele não dirá nada assim.

Ele falará sobre honestidade de mente, sinceridade de espírito, e desapego. Estes três são essenciais. Ele os dá como três potentes forças na evolução. Elas são potentes porque elas são as essenciais. Elas são as essenciais porque apenas em crescente desapego você pode avançar até o ponto de ser um Mestre, de ser Auto-realizado. Apenas através da honestidade de mente e sinceridade de espírito você pode se tornar desapegado. A não ser que você se torne desapegado, você não pode fazer os outros. A não ser que você faça os outros, você não pode se tornar desapegado.

A vida está realmente relacionada com o desapego. Sem desapego, você não pode dar um passo à frente na evolução. Um crescente desapego, pela sua própria natureza, livra você da identificação com o seu corpo, suas emoções, seus conceitos mentais. É assim que os passos são dados. Eu diria, leia os ensinamentos de Maitreya e os coloque em prática. Leia Krishnamurti e coloque em prática. Não é simplesmente uma questão de ler e conhecer; é uma questão de colocá-lo em prática. Eles estão falando sobre exatamente a mesma coisa, o mesmo processo--desapego.

P. Há um "debate saudável" acontecendo dentro de alguns grupos de Meditação de Transmissão: alguns acham que é bem importante se encontrar para formar grupos de estudo e "grupos de discussão esotérica", enquanto que outros acham que a situação no mundo e o trabalho diário de informar ao público, etc, precisa de atenção neste momento em particular. Você, por favor, poderia comentar e aconselhar?

R. Este é um momento de crise e tensão e necessita da atenção fixa e dedicação de todos os grupos trabalhando pelo Reaparecimento. Alguns grupos tiveram uma "recaída" no glamour dos "grupos de estudo por auto-educação" às custas de informar ao público sobre Maitreya e Seus planos. Parece que eles decidiram que a emergência de Maitreya é anos à frente, de forma que não há pressa em especial para se informar o público. Eles estão errados – e isso será percebido.

P. Onde começar? Trabalhar em nós mesmos primeiro ou espalhar nossa informação sobre a presença de Maitreya e os Mestres e as prioridades de Maitreya?

R. "Trabalhar em si mesmo" dependeria de sua abordagem. Isto pode significar total foco de sua atenção em si mesmo, e ao fazer isso, achar que você está trabalhando em si mesmo.

O que isto significa: trabalhar em si mesmo? Trabalhar em si mesmo significa tomar responsabilidade. Você trabalha em si mesmo afim de melhorar seu caráter, e você reconhece as pessoas pela qualidade de seu caráter. Quanto mais avançada, mais evoluída uma pessoa é, mais profunda será a natureza de seu pensamento, mais seguros, mais criativos, eles serão. Todas essas são características de se aceitar a responsabilidade pela vida.

Então, "desenvolver-se", devotar sua atenção a si mesmo e portanto ao "trabalho" em si mesmo, normalmente não significa nada. Isto é freqüentemente apenas uma forma de não fazer nada, não prestar atenção ao mundo exterior, não contar ao mundo que Maitreya e um grupo de Mestres estão no mundo, não contar ao mundo sobre as prioridades de Maitreya e a necessidade por mudança. Você não tem tempo para fazer isso se você está "trabalhando em si mesmo" desta forma.

Você não trabalha em si mesmo de forma separada a se contar ao mundo sobre Maitreya. Você pode fazer os dois ao mesmo tempo. Se você está realmente contando ao mundo sobre Maitreya, você está trabalhando sobre si mesmo. Você pode não ver deste jeito, mas você está realmente fazendo isso. Você não pode ir à um palco e falar com 50 ou 500 pessoas sobre a vinda de Maitreya e Seu grupo de Mestres e no que isso significa para a humanidade, o significado, os resultados disso, as ações da humanidade em relação a isso (porque elas são cruciais), sem se transformar. Você precisa pensar, juntar estas palavras, dizê-las ao mundo. Isso que é trabalhar em si mesmo. Não é uma coisa separada que você pode fazer ao invés de falar sobre as prioridades de Maitreya. Você não pode falar sobre as prioridades de Maitreya sem simultaneamente trabalhar em si mesmo.

Trabalhar em si mesmo, para a maioria dos estudantes dos ensinamentos esotéricos, é ler Alice Bailey: ler diariamente, sempre ter um volume sobre o braço pronto para abri-lo a todo momento que eles tomam um café e sentam-se por horas na cafeteria, lendo ocasionalmente, e olhando para os lados e pensando sobre ele, "trabalhando em si mesmos". É isso o que muitas pessoas fazem. Isso é tão inútil. Os livros de Alice Bailey são maravilhosos e devem ser lidos diligentemente, mas eles são apenas livros, e foram feitos para estimular a ação, assim como o pensamento.

Trabalhar em si mesmo é ação. É trabalho, real trabalho, subir no palco, superar seu nervosismo, seu medo de apresentação, abrindo sua boca e falando com outras pessoas, apenas uma pessoa, meia dezena, cento e cinqüenta, não importa. O mesmo esforço é feito para se falar com duas pessoas, como é feito para se falar com 200 pessoas. Você diz as mesmas palavras. Você tem sorte se 200 pessoas ouvem ao invés de duas, mas você precisa começar em algum lugar.

Eu me lembro quando eu comecei. Algumas vezes, haviam quatro pessoas na audiência e todas as quatro já tinham ouvido a história antes! Não é fácil no começo, mas você apenas precisa ter um pouco de coragem. Para ter coragem, você precisa trabalhar em si mesmo conhecendo a história, o que você quer falar, pensando sobre ela. Eu não quero dizer aprendê-la de cor, mas vendo como você pode expressá-la. Isso é trabalhar para ficar pronto afim de apresentá-la para as pessoas. A apresentação dela é trabalhar em si mesmo. Você cresce conforme você o faz.

Você trabalha em si mesmo de forma a crescer, e a melhor maneira de crescer, é crescer na vida. Faça um serviço ao mundo e você crescerá. Você não pode fazê-lo de outra forma. Ficando em casa lendo livros, você não está realmente trabalhando em si mesmo. Esta é a forma de fugir. Você nunca irá em frente se você apenas se apoiar nos livros, mesmo nos livros de Alice Bailey.

As pessoas não lêem os livros corretamente de qualquer forma, e elas lêem muito deles, mesmo os meus. (Não, você não pode ler muito os meus livros, isto foi apenas um deslize na língua!) Mas se você lê-los corretamente, você verá eu dizer nos livros exatamente o que eu estou dizendo agora. Você muda conforme você faz coisas-- realmente trabalhando em si mesmo. Não é uma atividade separada de dizer ao mundo sobre Maitreya. Se você perguntar qual é a coisa mais importante para você, bem, é a vinda de Maitreya. Ele é o Cristo. Ele é um grande Avatar. Ele veio para mudar o mundo através de você. Como ele pode mudar o mundo através de você, se você está apenas "trabalhando em si mesmo" tomando café, enquanto ao mesmo tempo, lê Alice Bailey?

P. Você diz que a complacência é a fonte de todos os problemas. Como nós podemos lidar com a complacência em nós mesmos e nos outros?

R. Você só pode lidar com a complacência em si mesmo; livre-se dela. Ela é um defeito de caráter, um sentimento de separação que nós precisamos tentar superar. Em outros, tudo o que você pode fazer é persuadir; falar, se é uma complacência que fortemente afeta o mundo como um todo. Se é em uma escala menor, uma coisa individual, porque devem existir poucas pessoas que não são complacentes em algum grau, nós precisamos deixá-las superar suas próprias complacências.

Ela é um profundo glamour, como um resultado da ignorância do fato de que não há separação no mundo. Não há separação entre o menor átomo e cada outro átomo em todo o universo manifestado. Cada alma, e cada um de nós é uma alma em encarnação, está relacionada com cada outra alma no Cosmos.

Então, tudo o que você pode fazer é lidar com a sua complacência, se você a reconhece. Se você não a reconhece, então você não pode ser livre, você não pode ajudar o mundo, porque você pode ser muito complacente até para ver as necessidades. Maitreya chama a complacência, não o dinheiro, "a fonte de todo o mal". Dinheiro é simplesmente uma energia impessoal, e energias podem ser usadas para o bem ou para o mal. Você pode usá-lo para o bem em uma escala geral, ampla, ou você pode monopolizá-lo, tentar aumentá-lo sozinho e passá-lo à seus filhos, e esperar que eles o passarão para o deles.

Isto é tudo um grande glamour causado pelo medo; já que as pessoas estão com medo, elas se tornam complacentes. Elas estão com muito medo de encararem as responsabilidades e o verdadeiro propósito e significado da vida, então elas se tornam complacentes. Elas se esquecem das outras pessoas. Elas não pensam que estão de alguma forma ligadas com pessoas do outro lado do mar, pessoas que elas não conhecem, com cor de pele diferente e diferentes religiões.

É isso o que torna as pessoas complacentes. É uma conveniência. Complacência liberta você de suas verdadeiras responsabilidades humanas. Você vem em encarnação como um Ser responsável. O bebê é mais responsável, inicialmente, do que o adulto complacente. Bebês vêm como almas; eles vêm com um propósito, normalmente vários propósitos, e o propósito fundamental: a criação de corretas relações humanas.

A alma não pode criar corretas relações humanas se o seu reflexo, a personalidade, é complacente. Complacência é simplesmente uma forma de se sentar e não fazer nenhum esforço para incluir o mundo; e você só pode fazer isso quando você tiver conseguido um pouco de dinheiro, um pouco de conforto, um pouco de "segurança". Então você pode se banhar nisso e esperar que o mundo continue, deixando-o sossegado e não incomodando-o. Complacência não é querer não ser incomodado, sabendo que há outros que estão em situação lamentavelmente pior do que você mesmo.

P. Nós falamos sobre confiança e saber que tudo ficará bem. Alguns comentários foram feitos sobre a complacência ganhando força. Por favor, você poderia falar sobre o equilíbrio da confiança, ainda assim tendo que fazer o trabalho?
R. Confiança não tem nenhuma relação com complacência. Complacência é o resultado do medo. Confiança é o resultado da convicção; aquela convicção de verdade, que você sabe o que é, que a sua alma está lhe dizendo para confiar nisso. Maitreya ou o Mestre diz: "Tenha confiança, tudo estará bem, todas as coisas estarão bem." Eles, não, no entanto, esperam que você fique sentado, e assim, não faça nada, se torne complacente.

Você precisa entender o que é confiança. Confiança é uma convicção. É uma convicção de que isto será assim, e que tudo estará bem, por exemplo, e em tempo. Isso quer dizer que, enquanto isso, você apenas fica sentado, se torna complacente e diz: "Bem, eu não me importo, não importa a mim que existem milhões passando fome no mundo ou uma pequena fração de pessoas que sabem sobre Maitreya, e eu poderia fazer alguma coisa para que mais soubessem, mas

qual é o sentido disso? Tudo estará bem." Isto é complacência, mas não é confiança. Elas são diferentes.
Quando um Mestre diz: "Tudo estará bem", Ele quer dizer isso e o diz para remover o medo. Medo impede a ação, e se você tem a convicção de que tudo estará bem, você pode trabalhar livre do medo que inibe sua ação. Isso não quer dizer que você não precisa agir de forma alguma, ao contrário. Quanto mais você tem confiança e está livre do medo, mais útil e maior em alcance pode ser sua ação.
Confiança e complacência estão separadas por milhas. Se você tem confiança, você não pode ser complacente. Se você é complacente, então você não tem confiança.

P. Você poderia elaborar sobre a questão de como a distância será diminuída entre as pessoas "comuns" e os discípulos no mundo, do artigo do Mestre de Creme, "Step by Step" na edição de Outubro de 2007 da **Share International**?
R. O que o Mestre quis dizer em conexão com isso é que já que Maitreya e os Mestres estarão trabalhando abertamente no mundo – ensinando, respondendo perguntas da mídia e por aí vai, ensinando pessoas "comuns" que vêm à encontros, que vêem a televisão e o rádio – Eles darão às pessoas uma compreensão dos aspectos fundamentais mais simples dos Ensinamentos da Sabedoria Eterna, e fazendo isso, Eles diminuirão a distância que agora existe entre o homem e mulher comuns na rua que não lêem Alice Bailey ou Blavatsky, e as pessoas que lêem.
No momento, há uma diferença entre aqueles que leram em alguma extensão os ensinamentos esotéricos, e as pessoas "comuns" que não leram. Isso torna difícil para aqueles discípulos falarem e serem entendidos pelo homem comum na rua. A tentativa é a de diminuir esta diferença por uma abordagem feita pelos Próprios Mestres, em um nível relativamente simples, para esta atividade que foi feita até agora pelos discípulos. Para mim, é uma mudança muito

bem vinda no conhecimento da humanidade em geral das leis esotéricas, que são a própria base de nossa vida.

Hoje, o homem ou mulher comuns na rua (por causa da influência do 5º raio talvez), na civilização moderna ocidental, está inclinado a não reconhecer ou aceitar a existência de qualquer coisa que esteja além do plano físico denso. Mas se você é um estudante dos ensinamentos da Sabedoria Eterna, então você sabe que este é um ponto de começo, o ponto básico, que tudo é relativo e que não há fim à esta relatividade. Então há uma consciência sempre em expansão do que existe.

Agora, de forma a diminuir a distância entre o homem na rua e o estudante médio dos Ensinamentos da Sabedoria Eterna, os Mestres estão abordando a população diretamente, Eles Mesmos, com alguns dos ensinamentos esotéricos básicos. Isto irá inevitavelmente formar uma ponte, diminuir a distância, entre aqueles que leram estes ensinamentos e que estão trabalhando em alguma extensão com estes ensinamentos, e aqueles que não.

OS EVENTOS ESPERADOS

PRESENTE E FUTURO PRÓXIMO

P. Há uma passagem extraordinária em **Os Raios e as Iniciações, Parte Dois**, *por Alice A.Bailey, que foi escrita em 1947, mas parece falar muito sobre a presente condição mundial. O Mestre DK diz: "A tensão no mundo hoje, particularmente na Hierarquia, é tal, que irá produzir outra e talvez uma última crise mundial, ou uma aceleração tal da vida espiritual do planeta que a chegada das tão esperadas condições da Nova Era irão ser incrivelmente aceleradas... O egoísmo dos Estados Unidos também é devido a sua juventude, mas ele irá eventualmente levar à experiência e ao sofrimento; há – felizmente para a alma deste grande povo – muito sofrimento guardado para os Estados Unidos... Nas mãos dos Estados Unidos, Grã-Bretanha e Rússia, e também nas mãos da França, está o destino do discípulo mundial, a Humanidade. A humanidade esteve passado por uma série de testes que são preparatórios para a primeira iniciação; eles foram duros e cruéis, e ainda não acabaram totalmente. Os Senhores do Karma (quatro em número) estão hoje trabalhando através destes quatro Grandes Poderes; é, no entanto, um karma que procura liberar, como todo o karma. Na crise vindoura, verdadeira visão e uma nova liberdade, mais um mais amplo horizonte espiritual podem ser alcançados. A crise, se corretamente lidada, não precisa novamente chegar ao terror total... os Judeus [Editor: Sionistas] parcialmente novamente abriram as portas para as Forças do Mal, que trabalharam originalmente através de Hitler e sua gangue maligna. O "fechamento" desta porta não foi feita com sucesso, e é algo sábio descobrir isso em tempo. Estas Forças do Mal trabalham através de um triângulo do mal, um ponto do qual pode ser encontrado no movimento Sionista nos Estados Unidos, outro na Europa Central, e o terceiro na Palestina [Editor: agora Israel]...Nos mapas que*

são encontrados nos Arquivos da Hierarquia espiritual, toda a área do Oriente Próximo e Europa – Grécia, Iugoslávia, Turquia, Palestina, os Estados Árabes, Egito e Rússia – estão sobre uma pesada nuvem ofuscante. Esta nuvem pode ser dissipada pelo correto pensamento e planejamento da Grã-Bretanha, os Estados Unidos e da maioria das Nações Unidas ou – ela deve levar o desastre ao mundo?" (pp. 428-430- versão em inglês)
    (1) Esta "última crise mundial" ainda está adiante? (2) nós estamos agora nela ou em seus estágios iniciais, ou (3) ela já foi mitigada pelas rápidas mudanças evolucionárias durante o último meio século?
R. (1) Não. (2) Nós estamos em seu estágio inicial. (3) Ela foi mitigada até certa extensão.

P. (1) A "crise vindoura" era a Guerra Fria e sua ameaça nuclear? (2) Ela também poderia ser a presente crise econômica mundial?
R. (1) Sim. (2) Sim.

R. (1) O "sofrimento guardado para os Estados Unidos" refere-se ao remorso pela Guerra no Iraque e/ ou (2) outras aventuras militares, ou (3) os efeitos da crise econômica?
R. (1) Não remorso, mas os efeitos da ação unilateral e rejeição do estado de direito das Nações Unidas. (2) Sim. (3) Sim.

P. Cada dia, mais evidência vem à luz de que os Estados Unidos, através de suas agências como a CIA, estão ameaçando outros países e manipulando assuntos relacionados com suas soberanias (como eleições) para beneficiar os EUA. (1) Isto sempre ocorreu, e nós estamos agora vendo a corrupção vindo à superfície, como Maitreya previu?Ou (2) a presente administração dos EUA levou a corrupção política à uma nova profundidade?
R. Os Estados Unidos são uma nação jovem, dominada como uma personalidade, pelos aspectos mais baixos do 6º

raio do Idealismo ou Devoção. Ela, portanto, sofre de todos os vícios do raio: devoção aos seus próprios interesses, desconfiança quanto ao motivo dos outros, combatividade e arrogância, auto-engano quanto aos seus próprios motivos, etc, etc. Assim, suas táticas de ameaça são endêmicas e antigas. Seus habitantes e governos acreditam que eles estão espalhando a Liberdade e Justiça ao redor do mundo, enquanto que eles estão realmente servindo aos seus próprios interesses. Este auto-engano é uma das principais características do raio. Esta corrupção política, portanto, prosseguiu; esta administração, liderada por fundamentalistas extremistas, está simplesmente levando-a à uma nova profundidade. O mundo, como o Mestre Djwhal Khul escreveu através de Alice Bailey, está esperando pelo 2º raio da alma dos EUA se expressar, como ele o fez através do Plano Marshall depois da Segunda Guerra Mundial.

P. Na **Share International** é dito que Maitreya se referiu a "tempos difíceis" adiante. Quanto ao que Ele estava se referindo? Ele quis dizer a situação no mundo agora?
R. Ele quis dizer dificuldades econômicas.

P. Eu fiquei chocado em ouvir que você menciona Israel como um ponto do mal. Quanto ao que isto se refere?
R. Eu estou surpreso que aquele que fez a pergunta está chocado, dada a dura opressão do povo Palestino por Israel. Israel justifica sua ação com parte da "guerra ao terrorismo" como é defendida pelo Sr. Bush, que atacou o Iraque, que não era terrorista e certamente não uma ameaça aos EUA. Depois da derrota dos poderes do Eixo pelos Aliados em 1945, as "forças do mal", como nós a chamamos – "os Senhores da Materialidade" como eles são conhecidos pela Hierarquia da Luz – estavam sendo gradualmente selados em seu próprio domínio: a elevação do aspecto Matéria do planeta. Com a criação do estado de Israel em 1948 por ação terrorista contra o Poder Britânico e os povos da Palestina, foi, de acordo com Mestre DK, "como se as

forças do mal colocassem um pé na porta de novo". Israel é o ponto central no triângulo do mal que trabalha através de Israel, o Pentágono nos EUA e certos estados no Leste Europeu.

O que nós estamos testemunhando agora é uma explosão desta força do mal que deve ser contra-atacada e resolvida pela humanidade com a ajuda da Hierarquia da Luz – Maitreya e Seu grupo de Mestres da Sabedoria.

P. Há uma passagem interessante no livro de Alice Bailey ***A Exteriorização da Hierarquia****. Alice Bailey refere-se ao "regulador das finanças", um elevado discípulo da Hierarquia Espiritual que se tornará ativo depois que o princípio do escambo ou troca (partilha) começar a ser adotado no mundo. (1) Isto se refere ao ajuste do mercado global , do sistema monetário global, ou ambos? (2) O "regulador das finanças" está ativamente trabalhando hoje? (3) O regulador estará trabalhando através das Nações Unidas? (4) O regulador estará em cargo de um conselho especial ou agência criada pela comunidade internacional para o propósito expresso de realizar este ajuste?*
R. (1) Ambos. (2) Não. (3) Sim. (4) Sim.

P. Por favor, comente sobre a importância de terras e instituições de propriedade pública em áreas urbanas no futuro – e particularmente em sua relação com as prioridades de Maitreya e a arte de viver.
R. Todas as cidades precisam de terras de propriedade pública, livre de construções ou muitas construções. Uma das prioridades futuras de Maitreya, sobre a qual meu Mestre escreveu, é o embelezamento das cidades. Isto deve incluir a criação de muitos mais parques do que a maioria das cidades têm hoje, para lazer, para recreação, para simplesmente se sentar ao sol e ficar vendo algumas borboletas – ou terrenos para templos ou objetos de força que serão construídos em certos espaços abertos, que criarão equilíbrio e energia residual para aquela área da

cidade. É o estudo, portanto, das propriedades energéticas das formas, como o tetraedro ou a pirâmide, que têm propriedades energéticas simplesmente por causa de suas formas. Poder da forma é outro termo para isso. Existem muitas formas de poder que, quando alinhadas, serão utilizadas para mudar o clima e beneficiar a qualidade do ar das cidades através do globo.

P. *Que tipo de futuro você vê para a América e o mundo dentro das próximas décadas?*
R. Se pessoas o suficiente aceitarem rapidamente as mudanças que Maitreya estará pedindo, nós podemos transformar a vida na América e no resto do mundo em pouco tempo. Assim que as idéias de partilha e justiça entrarem na imaginação e forem vistas como as únicas formas de se criar paz e um fim ao terrorismo e à guerra, então milhões irão se unir aos grupos ao redor de Maitreya.

Você não tem idéia do quão eloqüente Matreya é, quão simples e inteligente, com uma mente que é afiada, e que pode iluminar cada problema. Seu amor e sabedoria são sem fim, o amor de Deus e a sabedoria de todas as eras. Sua habilidade em entrar nos corações de todos e liberar Sua energia de amor é a espada que Ele manuseia no mundo. A Espada da Clivagem é a energia do Amor.

Conforme as pessoas responderem à esta energia, o mundo será dividido – aqueles que estão pedindo por mudança pelas linhas que Maitreya está defendendo, e aqueles que têm medo e estão olhando para o passado, que vêem Ele como o anticristo, que temem e não sabem o que fazer. Eles ficarão de lado e verão os eventos, e então perderão a oportunidade apresentada, pela primeira vez na história da humanidade, de tomarem parte na transformação do mundo. É da responsabilidade de cada indivíduo, de onde ele ou ela estiver, afirmar sua divindade.

Maitreya está falando sobre partilha, justiça, liberdade e corretas relações. Todos estes são princípios divinos. Liberdade, justiça e corretas relações são a base da vida e criam corretas relações entre pessoas e entre nação e nação.

É a competição que leva à guerra e impede que corretas relações humanas ocorram. A criação de corretas relações humanas é o próximo passo adiante em nossa evolução. O primeiro passo em direção à partilha, diz Maitreya, é o primeiro passo para a sua divindade. O que poderia ser mais simples?

P. É maravilhoso que a luz esteja lentamente começando a nascer neste planeta, apesar dos problemas que nós encaramos. Minha pergunta é: eu constantemente ouço de várias fontes, informações sobre eminentes desastres, calamidades, e todos os tipos de destruição e escuridão prestes a acontecerem neste planeta, principalmente devido a algum objeto inter-estrelar ou forças dentro da própria Terra. Nós podemos esperar uma mudança nos pólos ou que um objeto planetário colida com a Terra, ou estas reivindicações são apenas medos daqueles que são facilmente influenciados pela loja negra?

R. Estas previsões de escuridão e destruição são, em sua grande parte, o produto do medo e são muitas vezes as criações deliberadas daquelas nefastas forças que procuram sempre manter a humanidade escravizada. Haverá de fato uma grande mudança, levantes e dificuldades em muitas partes do mundo, mas não os exagerados presságios de catástrofe e desgraça.

É quase como se nós não tivéssemos catástrofes o suficiente para satisfazer as necessidades emocionais de algumas pessoas. A mídia tem um grande papel na disseminação desta síndrome de catástrofe por seus relatos sensacionais. Isso deve ser bom para a venda de jornais e revistas. Mudança é sempre algo difícil para as pessoas, sejam elas pequenas mudanças ou grandes mudanças. Mudanças do tipo que estão transformando o mundo, são particularmente amedrontadoras para muitas pessoas. O que elas não conhecem é o poder de Maitreya, o Cristo e Instrutor do Mundo Que está agora fisicamente presente entre nós, junto com um grande grupo de Seus discípulos. Suas energias estão inspirando os melhores da humanidade a perceberem e implementarem essas mudanças. Como Maitreya disse: "Não tenham medo. O fim é conhecido pelo começo. Tudo estará bem. Todas as coisas estarão bem."

P. *Maitreya acha que nós ainda temos que mudar o mundo, mesmo que nós sejamos egoístas e competitivos?*
R. Sim. Nem todos são egoístas e competitivos. Provavelmente, a maioria das pessoas são parcialmente egoístas e parcialmente altruístas; as pessoas são mistas, nem cem por cento de um ou de outro. Existem graus de egoísmo e altruísmo. Há um grande corpo de pessoas que estão prontas para ação altruísta, prontas para verem justiça no mundo, e portanto partilha.

Em 1924, nos livros da Agni Yoga, Maitreya disse que havia um tempo quando 10 homens verdadeiros podiam salvar o mundo. Então veio um tempo quando 10.000 não eram o suficiente. Ele chamará por um bilhão.

Cerca de cinco ou seis anos atrás, eu perguntei ao meu Mestre se Maitreya já tinha Seu um bilhão. Sim, ele me falou. Maitreya tinha 1.5 bilhões de pessoas com as quais Ele podia contar. Então eram 1.5 bilhões de pessoas de 6.5 bilhões no mundo, as quais Ele sabia serem de boa vontade, altruístas, e prontas a verem as novas estruturas e novos modos de vida. Agora (em 2006), existem 1.8 bilhões de pessoas com as quais Ele pode contar – mais do que o suficiente.

Além disso, nós não temos alternativa. Se eu lhe oferecer vida ou morte – qual você irá escolher? Maitreya dirá: "Você tem uma escolha. Escolha a vida, se você for sensível, e crie uma brilhante, dourada civilização, melhor do que qualquer coisa que o mundo já viu. Ou encare a aniquilação." Qual você vai escolher?

Nunca existiu um Avatar, um Instrutor, de tal potência como Maitreya. Não tenham medo. O mundo irá mudar rapidamente de ser ganancioso e egoísta, para mostrar a verdadeira qualidade da humanidade.

Do ponto de vista de Maitreya, a humanidade é maravilhosa. Maitreya ama a humanidade. Isto não é porque Ele é o Senhor do Amor – isto é porque Ele é capaz de amar a humanidade – apesar de tudo, apesar de toda a nossa ganância e egoísmo. Mas Ele também vê a luz da divindade na humanidade. Ele é o cabeça do reino das almas. Ele vê a alma da humanidade, a alma em cada ser humano individual. Não importa o quão egoístas e odiosos nós possamos parecer. Ele vê a luz da divindade em nós, e com isso você pode contar.

MENSAGEM DE MAITREYA

"Meus amigos, Eu estou mais próximo de vocês do que vocês podem imaginar. Meu coração bate passo a passo com o de vocês. Meu coração chora pelo sofrimento de tantos. Mesmo assim, Eu sei que os corações daqueles que Me ouvem estão abertos e dispostos a ajudar. Não temam, Meus amigos. Dêem bravamente e de bom grado ajuda para todos em necessidade. Quando você faz isso, você entra naquela área da divindade da qual você veio. Esta é a ação da própria divindade.

Então Meus amigos, não esperem mais pela manifestação das grandes mudanças que estão por vir. Tragam-nas em manifestação por suas ações.

Pensem de forma ampla. Pensem que seus irmãos e irmãs são vocês mesmos, o mesmo através do mundo. Façam isso, Meus amigos, e vejam-Me logo.

Meu coração abraça todos vocês."

[Esta mensagem foi dada por Maitreya, telepaticamente através de Benjamin Creme, no final de sua entrevista na **Radio Ici & Maintenat***, em Paris, França, em 6 de Abril de 2006.]*

OS PRIMEIROS PASSOS

pelo Mestre —, através de Benjamin Creme

Quando Maitreya aparecer diante do mundo, as pessoas perceberão que elas já O conhecem de antes, e que Seu ensinamento não é estranho ou além de seu nível de pensamento. Simples, de fato, Ele será de forma que todos possam entender.

Precisamente, Sua simplicidade será surpreendente. Mesmo assim, será descoberto que a maioria das pessoas irão experienciar o que elas ouvem de uma nova forma, como uma verdade nascente, nova e tocando-as até o nível mais profundo. Simples as idéias podem ser, mas elas irão ressoar nos corações das pessoas e parecerão frescas e vibrantes. Assim será. Assim irá Maitreya tocar os corações dos homens, apelando à eles para se ajudarem ajudando seus irmãos e irmãs ao redor do mundo. Quando os homens ouvirem Ele, eles irão ponderar profundamente sobre o que Ele diz, e se sentirão estranhamente tocados pelas palavras ouvidas. Seus corações irão responder como nunca antes, e uma nova compreensão e urgência irão potencializar suas respostas.

Assim irá Maitreya galvanizar as pessoas do mundo para ação e mudança. Aqueles que ficaram para trás, virão adiante e se unirão ao clamor por justiça e partilha, liberdade e paz.

Muitos, é lógico, irão ignorar Maitreya. Muitos acharão Suas idéias repugnantes e perigosas ou utópicas, e impossível de se concretizarem. Alguns, mais sinistros e amedrontados, verão Nele o anticristo, a encarnação de todos os seus medos. Alguns O teriam crucificado imediatamente se eles tivessem o poder. Muitos se sentarão silenciosamente no muro, incapazes de tomarem uma posição, a favor ou contra.

Aqueles que podem responder, irão crescer em número e erguerão suas vozes por partilha e justiça. Eles irão se reunir em volta e O apoiarão, e O verão como seu líder e mentor, instrutor e guia.

Assim será formada uma poderosa massa da opinião pública mundial, pedindo por mudança. Cada vez mais, governos acharão difícil resistir à demanda das pessoas e serão forçados a implementarem algum grau de mudança.

As pessoas crescerão em poder e suas vozes, potencializadas por Maitreya, crescerão em força e claridade de demanda. Elas irão pedir para seu Porta Voz falar ao mundo e o palco estará pronto para o Dia da Declaração, o primeiro dia do Novo Amanhecer.

O Dia da Declaração, no qual pela primeira vez Maitreya irá reconhecer Seu verdadeiro status e nome, se destacará, através da história, como o ponto de virada na evolução da humanidade. Ele será gravado nos anais como o Dia do Dias, o Começo do Novo, a Santificação da Humanidade, o Portal para o glorioso futuro que aguarda a humanidade. Este dia não está longe.

Novembro de 2006

O FILHO DO HOMEM

pelo Mestre —, através de Benjamin Creme

Muitas pessoas esperam o retorno do Cristo com trepidação e medo. Elas sentem que Sua aparição promoverá grandes mudanças em todos os departamentos da vida. Seus valores, elas assumem corretamente, irão necessariamente alterar seus modos de pensamento e vida e elas empalidecem quanto a tal prospecto. Além, tão mística tem sido a visão do Cristo apresentada pelos séculos pelas igrejas, que muitos temem Seu julgamento e poder onipresente; eles esperam Ele como Deus vindo para punir os perversos e recompensar os fiéis.

É triste a ponto de se lamentar que tal visão distorcida do Cristo tenha permeado tanto a consciência humana. Nenhum ser como tal existe. De maneira a entender a verdadeira natureza do Cristo, é necessário vê-Lo como um entre iguais Filhos de Deus, cada um dotado com total potencial divino, diferindo apenas em grau de manifestação desta divindade.

Que Ele alcançou a totalidade de sua divindade é a Sua glória, e pode bem ser que nós reverenciemos esta realização. Que esta mesma realização é rara de fato, é também indiscutivelmente verdade. Mas a maravilha do Cristo para os homens é que Ele era um deles. Nada há, nos testes e sofrimentos dos homens, que Ele não tenha conhecido. Cada passo do caminho que os homens ainda trilham, Ele dolorosamente trilhou. Nada há, em todo o panorama da experiência humana, que Ele não tenha partilhado. Assim, verdadeiramente, Ele é o Filho do Homem.

Haveria pouca dúvida que se Ele aparecesse sem ser anunciado, poucos em nosso meio O reconheceriam. Tão longe da noção geral é Ele, que Ele passaria despercebido na multidão. Assim é hoje entre Seus irmãos conforme Ele espera o convite do homem para começar Sua missão. Muitos que O vêem diariamente não sabem quem Ele é. Outros O reconhecem, mas têm medo de falarem. Ainda outros esperam e rezam, esperançosos que Ele possa ser Aquele Que eles ousam não esperar. Apenas Sua Declaração diante do mundo irá estabelecê-Lo na visão e corações dos homens.

Enquanto nós esperamos este Dia dos Dias, vamos clarificar em nossas mentes as razões para o Seu retorno. Vamos entender a natureza da tarefa que Ele estabeleceu. Para estabelecer em nosso meio o fato de Deus, Ele veio. Para recriar os Mistérios Divinos, Ele está aqui. Para ensinar os homens como amar, e amar novamente, Ele está diante de nós. Para estabelecer a fraternidade dos homens, Ele caminha na Terra uma vez mais. Para manter a fé entre o Pai e o homem, Ele aceita este fardo. Para levar à Nova Era, Ele retornou. Para consolidar o tesouro do passado, para inspirar as maravilhas do futuro, para glorificar Deus e o homem, Ele desceu de Sua alta montanha.

Vamos olhar para Suas prioridades: o estabelecimento da paz; a inauguração do sistema de partilha; a remoção da culpa e do medo – a limpeza dos corações e mentes dos homens; a educação da humanidade nas lei da vida e amor; uma introdução aos Mistérios; o embelezamento de nossas cidades; a remoção das barreiras para viajem e troca de pessoas; a criação de um conjunto de conhecimento acessível à todos.

Que tal tarefa não é uma fácil, nem mesmo para o Filho do Homem, é claro. Hábitos antigos de divisão e separação têm raízes fortes, enquanto que o medo e a superstição lançam seu feitiço sobre milhões da humanidade. Mas nunca antes, na história do mundo, um Instrutor veio melhor equipado para Sua tarefa. Maitreya veio para batalhar contra a ignorância e o medo, divisão e a necessidade. Suas armas são a compreensão espiritual, conhecimento e amor; Sua armadura brilhante é a Própria Verdade.

Junho de 1984

[Leitores são direcionados ao comentário de Benjamin Creme sobre este artigo em "Maitreya's Priorities" publicado em *Maitreya's Mission, Volume Three,* Capítulo 1.]

PADRÕES DE LUZ

Padrões de luz na Loja de Departamento Tokyu
em Sapporo, Hokkaido, Japão

Padrões de Luz em uma construção no centro de Split, Croácia (Foto: Vlatak Baksa)

A "MÃO" DE MAITREYA

Esta fotografia mostra a marca da mão do Próprio Maitreya, milagrosamente manifestada em um espelho de um banheiro em Barcelona, Espanha, em 2001. Não é uma simples marca de mão, mas uma imagem tri-dimensional com detalhe fotográfico.

Colocando sua mão sobre ela, ou simplesmente olhando para ela, a cura e ajuda de Maitreya podem ser invocadas (sujeitas a Lei Kármica). Até Maitreya emergir totalmente, e nós vermos Seu rosto, é o mais próximo que Ele pode vir a nós.

"Minha ajuda é de vocês para comandar, vocês apenas precisam pedir."

Maitreya, o Instrutor do Mundo
da Mensagem N° 49

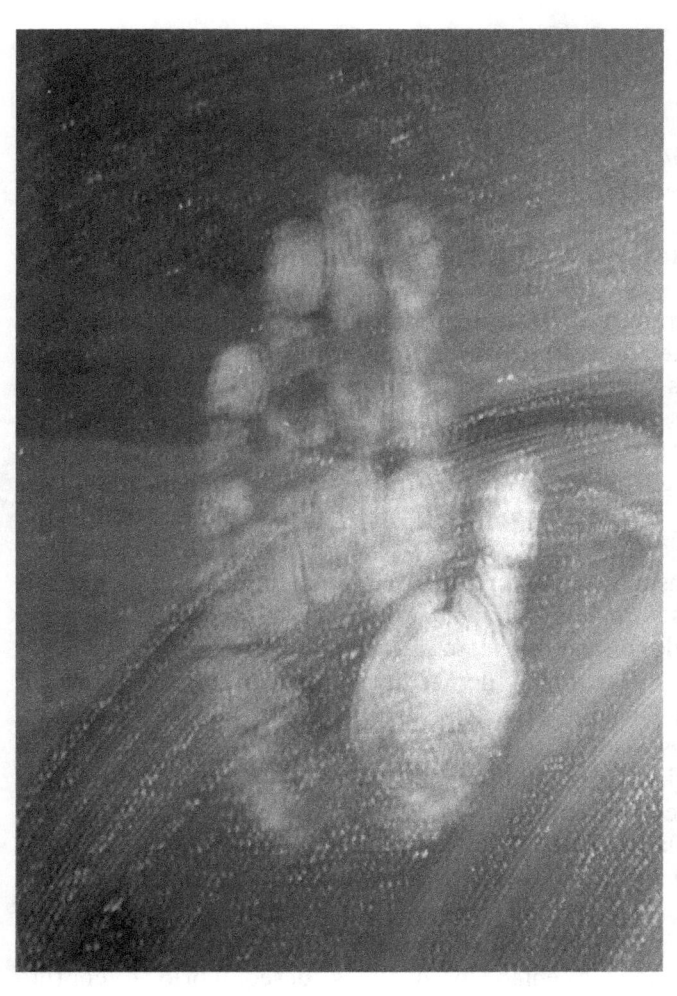

A Mão de Maitreya

MEDITAÇÃO DE TRANSMISSÃO

UMA BREVE EXPLICAÇÃO

Um grupo de meditação, oferecendo tanto um serviço dinâmico ao mundo, e poderoso, pessoal desenvolvimento espiritual.

A Meditação de Transmissão é uma meditação grupal criada para melhor distribuir energias espirituais de seus Guardiões, os Mestres da Sabedoria, nossa Hierarquia Planetária. Ela é um meio de 'levar abaixo' (transformar) estas energias, de forma que elas se tornem acessíveis e úteis ao público geral. É a criação, em cooperação com a Hierarquia de Mestres, de um vórtice ou reservatório de energia mais elevada para o benefício da humanidade.

Em Março de 1974, sobre a direção de seu Mestre, Benjamin Creme formou o primeiro grupo de Meditação de Transmissão em Londres. Hoje, existem centenas de tais grupos ao redor do mundo, e novos grupos estão sendo criados a todo momento.

Os grupos de Meditação de Transmissão fornecem uma ligação pela qual a Hierarquia pode responder à necessidade mundial. O principal motivo deste trabalho é serviço, mas ele também é uma poderosa forma de crescimento pessoal. Muitas pessoas estão procurando por formas pelas quais possam melhorar o mundo; este desejo para servir pode ser forte, mas dificilmente, em nossas vidas ocupadas, fácil de se satisfazer. Nossa alma precisa de uma forma para servir, mas nós nem sempre respondemos ao seu chamado, e então, produzimos desequilíbrio e conflito dentro de nós mesmos. A Meditação de Transmissão oferece uma oportunidade única para servir de uma forma potente e totalmente científica com o mínimo de gasto de seu tempo e energia.

Benjamin Creme realiza workshops de Meditação de Transmissão ao redor do mundo. Durante a meditação, ele é ofuscado por Maitreya, o Instrutor do Mundo, que permite à Maitreya conferir uma grande nutrição espiritual aos participantes. Muitas pessoas são inspiradas a começarem a fazer a Meditação de Transmissão depois de irem a tais workshops, e muitas reconheceram terem recebido curas no processo.

[Por favor, remetam-se a *Transmissão: Uma Meditação para a Nova Era* de Benjamin Creme, Fundação Share International]

A Grande Invocação

Do ponto de Luz na Mente de Deus
Flua luz às mentes dos homens.
Que a Luz desça à Terra

Do ponto de Amor no Coração de Deus
Flua amor aos corações dos homens
Que o Cristo retorne à Terra

Do centro onde a Vontade de Deus é conhecida
Guie o propósito as pequenas vontades dos homens –
O Propósito que os Mestres conhecem e servem

Do centro que chamamos raça dos homens
Cumpra-se o Plano de Amor e Luz
E mure-se a porta onde mora o mal.

Que a Luz, o Amor e o Poder
Restabeleçam o Plano na Terra

●

A Grande Invocação, usada pelo Cristo pela primeira vez em Junho de 1945, foi liberada por Ele para a humanidade, afim de nos permitir invocar as energias que mudariam o nosso mundo e tornar possível o retorno do Cristo e da Hierarquia. Esta não é a forma utilizada pelo Cristo. Ele usa uma fórmula antiga, com sete frases místicas de tamanho, em uma antiga língua sacerdotal. Ela foi traduzida (pela Hierarquia) em termos que nós podemos usar e entender, e, traduzida para muitas línguas, ela é usada diariamente em cada país do mundo.

A Oração para a Nova Era

Eu sou o Criador do Universo.

Eu sou o Pai e a Mãe do Universo

Tudo vem de Mim.

Tudo retornará à Mim.

Mente, Espírito e Corpo são Meus templos.

Para o Alma perceber neles

Meu Ser Supremo e Transformação.

●

A Oração para a Nova Era, dada por Maitreya, o Instrutor do Mundo, é um grande mantra ou afirmação com um efeito invocativo. Ela será uma ferramenta poderosa para reconhecermos que o homem e Deus são Um, que não há separação. O "Eu" é o Princípio Divino por trás de toda a criação. A Alma emana do, e é idêntica ao Princípio Divino.

A maneira mais eficiente de usar este mantra é a de dizer ou pensar nas palavras com a vontade focada, mantendo a atenção no centro ajna entre as sobrancelhas. Quando a mente entende o significado dos conceitos, e simultaneamente a vontade é trazida à frente, estes conceitos serão ativados e o mantra funcionará. Se ela for dita de forma séria todos os dias, crescerá dentro de você uma percepção do seu verdadeiro Ser.

GLOSSÁRIO DE TERMOS ESOTÉRICOS

Alma (Ego, Ser Superior, governante interno, Cristo interno, Filho da Mente, Anjo Solar) — O princípio de ligamento entre o Espírito e a matéria; entre Deus e Sua forma. Oferece consciência, característica e qualidade para todas as manifestações na forma.

Antahkarana — Um canal invisível de luz formando a ponte entre o cérebro físico e a alma, construído através da meditação e serviço.

Anti-cristo — Energia do aspecto Vontade de Deus, em sua fase involucionária, que destrói as velhas formas e relacionamentos, por exemplo no final de uma era, para preparar o caminho para as forças construtoras do Princípio Crístico. Manifestado em tempos Romanos através do imperador Nero e em tempos modernos através de Hitler e seis de seus associados.

Ashram — O grupo de um Mestre. Na Hierarquia Espiritual, existem 49 ashrams, sete maiores e 42 subsidiários, cada um encabeçado por um Mestre da Sabedoria.

Átomos permanentes — Os três átomos de matéria–física, astral e mental–ao redor do qual os corpos para uma nova encarnação são formados. Eles mantém a taxa vibratória do indivíduo no momento da morte, garantindo que o status energético evolucionário até então atingido será levado adiante pelas vidas sucessivas.

Auto-realização — O processo de reconhecer e expressar nossa natureza divina.

Avatar — Um Ser espiritual que desce em resposta ao chamado e necessidade da humanidade. Existem Avatares humanos, planetários e cósmicos. Os últimos seriam chamados de "Encarnações Divinas". Seus ensinamentos, corretamente apreendidos e gradualmente aplicados pela humanidade, expandem nossa compreensão e apresentam o próximo passo à frente no desenvolvimento evolucionário da humanidade.

Avatar da Síntese — Um grande Ser cósmico que encarna as energias da Vontade, Amor, Inteligência e outra energia para a qual nós ainda não temos nome. Desde os anos 1940, Ele esteve enviando essas energias para o mundo, gradualmente transformando divisão em unidade.

Buda — Último Avatar da era de Áries. Anterior Instrutor do Mundo que se manifestou através do príncipe Gautama em cerca de 500 AC. A Encarnação da Sabedoria, Ele atualmente age como o "Intermediário Divino" entre Shamballa e a Hierarquia. Budistas esperam seu próximo grande instrutor sobre o nome de Buda Maitreya.

Budi — A alma universal ou mente; razão superior; compreensão amorosa; amor-sabedoria. A energia do amor como os Mestres a experienciam.

Chakras — Centros de energia (vórtices) no corpo etérico relacionados a espinha e as sete mais importantes glândulas endócrinas. Responsável pela coordenação e vitalização de todos os corpos (mental, astral e físico) e suas correlações com a alma, o centro principal de consciência. Existem sete grandes chakras e 42 menores.

Centro ajna — O centro de energia (chakra) entre as sobrancelhas. Centro diretor da personalidade. Sua correspondência no nível físico é a glândula pituitária.

Consciência Crística — A energia do Cristo Cósmico, também conhecido como o Princípio Crístico. Encarnado por nós pelo Cristo, ela está no presente despertando nos corações de milhões de pessoas todas ao redor do mundo. A energia da evolução por si.

Corpo astral — O veículo emocional de um indivíduo.

Corpo Causal — O veículo de expressão da alma no plano causal. O receptáculo onde a consciência do ponto evolucionário de uma pessoa é guardado.

Corpo etérico — A contraparte energética do corpo físico, composto de sete maiores centros (chakras) e 49 centros menores, uma rede que conecta todos os centros, e fios infinitesimalmente pequenos de energia (nadis) que estão por baixo de cada parte do sistema nervoso. Bloqueios no corpo etérico podem resultar em doenças físicas.

Corpo mental — O veículo da personalidade nos planos mentais.

Cristo — O termo usado para designar o cabeça da Hierarquia Espiritual; o Instrutor do Mundo; o Mestre de todos os Mestres. O cargo atualmente mantido pelo Senhor Maitreya.

Deus (ver também Logos) — O grande Ser Cósmico Que encarna este planeta, encarnando todas as Leis e todas as energias governadas por essas Leis, que compõem tudo o que nós vemos e não conseguimos ver.

Deva — Anjo ou ser celestial pertencendo a um reino na natureza evoluindo paralelamente a humanidade, e variando de elementais sub-humanos a seres super-humanos em um nível igual ao de um Logos planetário. Eles são os "construtores ativos", trabalhando inteligentemente com a substância para criar todas as formas que nós vemos, incluindo os corpos mental, emocional e físico da humanidade.

Dia da Declaração — Dia no qual Maitreya irá se tornar conhecido ao mundo durante uma transmissão ao redor do mundo de rádio e televisão. Mesmo aqueles que não estarão ouvindo ou assistindo, irão ouvir suas palavras telepaticamente em suas próprias línguas e, ao mesmo tempo, centenas de milhares de curas espontâneas irão ocorrer através do mundo. O começo da missão aberta de Maitreya no mundo.

Encarnação — Manifestação da alma como a personalidade tripla, sobre a Lei da Reencarnação.

Era — Ciclo mundial, aproximadamente 2.150 anos, determinada pela relação da terra, o sol e as constelações do zodíaco.

Esoterismo — A filosofia do processo evolucionário tanto no homem e nos reinos inferiores na natureza. A ciência da sabedoria acumulada das eras. Apresenta um relato sistemático e compreensivo da estrutura energética do Universo e do lugar do homem dentro dele. Descreve as forças e influências que estão por trás do mundo fenomênico. Também, o processo de se tornar consciente e gradualmente controlar estas forças.

Espírito — Como utilizado por Maitreya, um termo significando a soma total das energias – a força de vida – animando e vitalizando um indivíduo. Também usado, mais esotericamente, significando a Mônada que reflete a si mesma na alma.

Espírito da Paz ou Equilíbrio — Um Ser cósmico que dá assistência ao trabalho de Maitreya ofuscando ele com Sua energia. Ele trabalha de perto com a Lei de Ação e Reação, para transformar as condições presentemente caóticas no estado oposto na exata proporção.

Espiritual — A qualidade de qualquer atividade que leva o ser humano à frente em alguma forma de desenvolvimento – físico, emocional, intuicional, social – em avanço ao seu estágio presente.

Evolução — O processo de espiritualização da matéria; o caminho de volta para a Fonte. O livrar-se dos véus da desilusão e ilusão levando eventualmente à consciência cósmica.

Forças da Escuridão (Forças do Mal, Forças da Materialidade) — As forças involucionárias ou materialistas que elevam o aspecto matéria do planeta. Quando elas exageram em seu papel e colidem sobre o progresso espiritual da humanidade, elas são designadas como más.

Forças da Luz (Forças da Evolução) — A Hierarquia Espiritual de nosso planeta. Centro planetário do Amor-Sabedoria.

Grande Invocação — Uma fórmula antiga, traduzida pela Hierarquia para o uso da humanidade para invocar as energias que irão mudar nosso mundo. Traduzida para muitas línguas, ela é utilizada diariamente por milhões de pessoas.

Guru — Um instrutor espiritual.

Hierarquia — Ver Hierarquia Espiritual.

Hierarquia Espiritual (Fraternidade Branca, Sociedade de Mentes Iluminadas) — O Reino de Deus, o Reino Espiritual ou o Reino das almas, composto dos Mestres e iniciados de todos os graus e cujo propósito é o de implementar o Plano de Deus. Centro planetário do Amor-Sabedoria.

Homem/mulher — A manifestação física de uma Mônada espiritual (ou Ser), que é uma centelha individual do Espírito Uno (Deus).

Imam Mahdi — O profeta cujo retorno é aguardado por algumas seitas Islâmicas de maneira que ele possa completar o trabalho iniciado por Maomé.

Iniciação — Um processo voluntário pelo qual sucessivos e graduados estágios de unificação ocorrem entre o homem ou mulher em encarnação, sua alma, e a divina Mônada ou centelha de Deus. Cada estágio confere sobre o iniciado uma compreensão mais profunda do sentido e propósito do Plano de Deus, uma consciência mais completa de sua parte no Plano, e uma habilidade crescente de trabalhar conscientemente e inteligentemente em direção ao seu cumprimento.

Instrutor do Mundo — O cabeça da Hierarquia Espiritual em qualquer ciclo. O Mestre de todos os Mestres. O cargo ocupado presentemente pelo Senhor Maitreya.

Involução — O processo pelo qual o espírito desce para a matéria, seu pólo oposto.

Jesus — Um Mestre da Sabedoria e discípulo do Cristo, Maitreya. Permitiu ao Cristo trabalhar através dele durante o período de seu batismo até a crucificação 2.000 anos atrás. No tempo vindouro, ele irá ter um grande papel em inspirar e reorientar todo o campo da religião Cristã.

Karma — Nome oriental para a Lei de Causa e Efeito. A lei básica governando nossa existência neste sistema solar.

Cada pensamento, cada ação que nós temos e realizamos coloca em movimento uma causa. Estas causas tem seus efeitos, que criam nossas vidas, para o bem ou para o mau. Expresso em termos bíblicos: Como você semeia, assim você colherá. Em termos científicos: Para cada ação existe uma igual e oposta reação.

Krishna — Um grande Avatar Que apareceu cerca de 3.000 AC e serviu como o veículo de manifestação para o Senhor Maitreya durante a era de Áries. Demonstrando a necessidade de controle da natureza astral/emocional, Krishna abriu a porta para a segunda iniciação. Hindus esperam uma nova encarnação de Krishna no final da Kali Yuga, a era negra.

Lei de Causa e Efeito (Lei de Ação e Reação) — Ver Karma.

Lei de Renascimento — Ver Reencarnação.

Logos — Deus. O Ser Cósmico Que encarna um planeta (Logos Planetário), um sistema solar (Logos Solar), uma galáxia (Logos Galático) e por aí vai até o infinito.

Logos Planetário — Ver Sanat Kumara.

Logos Solar — Ser Divino animando nosso sistema solar.

Maitreya — O Instrutor do Mundo para a era de Aquário. O Cristo e cabeça da Hierarquia Espiritual de nosso planeta. O Mestre de todos os Mestres.

Mal — Qualquer coisa que impeça o desenvolvimento evolucionário.

Manas — Mente superior.

Mantra — Fórmula ou arranjo de palavras ou silabas que, quando corretamente soadas, invocam energia.

Meditação — Meio científico de contatar sua alma e eventualmente se tornar um com a alma. Também o processo de ser aberto à impressão espiritual e assim cooperar com a Hierarquia Espiritual.

Meditação de Transmissão — Uma forma especializada de meditação de grupo e serviço no qual os membros oferecem seus centros de energia (chakras) como instrumentos para levarem abaixo as energias emanando da Hierarquia Espiritual de Mestres. Ela oferece ao planeta um reservatório de energia mais acessível e útil para a humanidade. Também um método potente de desenvolvimento espiritual pessoal.

Mestres da Sabedoria — Indivíduos que tomaram a quinta iniciação, tendo passado através de todas as experiências que a vida neste mundo oferece e, no processo, tendo adquirido total maestria sobre si mesmos e as leis da natureza. Guardiões do Plano de Evolução e todas as energias entrando neste planeta que levam ao cumprimento do Plano.

Mônada/ Ser — Puro Espírito refletindo a triplicidade da divindade: (1) Divina Vontade ou Poder (o Pai); (2) Amor-Sabedoria (o Filho); (3) Inteligência Ativa (o Espírito Santo). A centelha de Deus residente em cada ser humano.

Oculto — Escondido. A ciência oculta da energia (ver Esoterismo).

Ofuscamento — Um processo voluntário cooperativo no qual a consciência de um Mestre temporariamente entra e trabalha através dos corpos físico, emocional e mental de um discípulo.

Personalidade — O veículo triplo da alma no plano físico, consistindo de um corpo mental, emocional (astral) e um físico-etérico.

Plano — Um nível da manifestação.

Plano astral — O plano das emoções, incluindo os pólos opostos como esperança e medo, amor sentimental e ódio, felicidade e sofrimento. O plano da ilusão.

Plano Búdico — Plano da divina intuição.

Plano Causal — O terceiro dos quatro mais elevados planos mentais no qual a alma habita.

Planos etéricos — Quatro planos de matéria mais fina do que o gasoso físico. Ainda invisíveis para a maioria das pessoas.

Plano físico — O estágio vibracional mais baixo da substância, incluindo: matéria física densa, líquida, gasosa e etérica.

Plano mental — O plano da mente onde o processo mental ocorre.

Pralaya — Um estado de existência não-mental, não-astral, não-material em algum estágio entre a morte e o renascimento, onde os impulsos de vida estão em ausência. Uma experiência de perfeita paz e felicidade sem fim anteriormente a tomar a próxima encarnação. Corresponde a idéia Cristã do paraíso.

Raios — As sete correntes da energia divina universal, cada um a expressão de uma grande Vida, cuja interação em cada freqüência concebível criam os sistemas solares, galáxias e universos. O movimento dessas energias, em ciclos espiralados, leva todos os Seres para dentro e fora da manifestação, colorindo e saturando eles com específicas qualidades e atributos.

Reencarnação (Lei do Renascimento) — O processo que permite a Deus, através de um agente (nós mesmos) levar a Si Mesmo abaixo para Seu pólo oposto–a matéria–de maneira a levar esta matéria de volta a Si Mesmo, totalmente imbuída com a natureza de Deus. A Lei do Karma leva-nos de volta para encarnação, até gradualmente, através do processo evolucionário, nós revelarmos mais verdadeiramente nossa divindade inata.

Sabedoria Eterna — Um antigo corpo de ensinamento espiritual subjacente a todas as religiões mundiais, assim como todas as realizações científicas, sociais e culturais. Tornada inicialmente disponível escrita para o público geral no final dos anos 1800 por Helena Petrovna Blavatsky e neste século por Alice A. Bailey, Helena Roerich, e Benjamin Creme.

Sanat Kumara — O Senhor do Mundo; a expressão física etérica de nosso Logos Planetário que habita em Shamballa. Um grande Ser, originalmente de Vênus, que Se sacrificou para se tornar o veículo da personalidade para a deidade animadora de nosso planeta 18,5 milhões de anos atrás. O aspecto mais próximo de Deus que nós podemos conhecer.

Senhor do Mundo — Ver Sanat Kumara.

Ser/ Mônada — A centelha divina dentro de cada ser humano.

Shamballa — Um centro de energia; o maior centro no planeta. Ele é localizado acima do Deserto de Gobi nos dois planos etéricos mais elevados. Dele e através dele flui a

Força de Shamballa – a energia da Vontade ou Propósito. Ele corresponde ao centro da coroa (chakra).

Triângulo — Um grupo de três pessoas que ligam-se cada dia em pensamento para alguns minutos de meditação criativa.

Veículo — A forma pela qual seres mais elevados encontram expressão nos planos mais baixos. Os corpos físico, astral e mental, por exemplo, formam o veículo da alma nos planos interiores.

Yoga — União da natureza inferior com a superior. Diferentes formas e técnicas para ganhar controle dos corpos físico, astral e mental.

LIVROS POR BENJAMIN CREME

A Missão de Maitreya, Volume Um
O primeiro de uma trilogia de livros que descrevem a emergência e ensinamentos de Maitreya, o Instrutor do Mundo. Conforme a consciência humana constantemente amadurece, muitos dos antigos "mistérios" estão sendo agora revelados. Este volume pode ser visto como um guia para a humanidade, conforme ela viaja pela jornada evolucionária. Os assuntos do livro são vastos: dos novos ensinamentos do Cristo à meditação e karma; da vida após a morte, e reencarnação, a cura e transformação social; da iniciação e o papel do serviço aos Sete Raios; de Leonardo da Vinci e Mozart à Sathya Sai Baba. Ele prepara a cena e o caminho para o trabalho de Maitreya, como Instrutor do Mundo, e a criação de uma nova e melhor vida para todos. Ele é uma poderosa mensagem de esperança.

English: "Maitreya's Mission, Volume I", 1ª edição, 1986. 3ª edição 1993, reimpresso em 2003. ISBN 90-71484-08-4, 373 pp.

Portuguese: "A Missão de Maitreya, Volume Um", 1ª edição, 2017. ISBN 978-94-91732-05-8, 418 pp.

Unidade na Diversidade: O Caminho Adiante Para A Humanidade
Nós precisamos de uma nova, esperançosa visão do futuro. Este livro apresenta tal visão: um futuro que engloba um mundo em paz, harmonia e unidade, enquanto que cada qualidade e abordagem individual é bem-vinda e necessária. Ele é visionário, mas expresso com uma lógica convincente.
Unidade na Diversidade: O Caminho Adiante para a Humanidade diz respeito ao futuro de cada homem, mulher e criança. Ele é sobre o futuro da própria Terra. A humanidade, diz Creme, está em uma encruzilhada e tem uma grande decisão a tomar: seguir em frente e criar uma

brilhante nova civilização na qual todos são livres e a justiça social reina, ou continuar como nós estamos, divididos e competindo, e vermos o fim da vida no planeta Terra.

Creme escreve em nome da Hierarquia Espiritual na Terra, cujo Plano para o aperfeiçoamento da humanidade, ele apresenta. Ele nossa essencial unidade, sem o sacrifício de nossa igualmente essencial diversidade.

Benjamin Creme, artista e autor, esteve dando palestras ao redor do mundo por quase 40 anos sobre a emergência ao mundo cotidiano de Maitreya, o Instrutor do Mundo, e Seu grupo, os Mestres da Sabedoria. Os livros de Creme, dezesseis presentemente, foram traduzidos para várias línguas, transformando as vidas de milhões.mostra que o caminho adiante para todos nós é a percepção de

> *English: "Unity in Diversity: The Way Ahead for Humanity", 1ª edição 2006. "ISBN 978-90-71484-98-8, 167 pp.*
>
> *Portuguese: "Unidade na Diversidade: O Caminho Adiante Para A Humanidade", 1ª edição 2017. ISBN 978-94-91732-10-2, 188 pp.*

Os ensinamentos da sabedoria eternal
"Sempre foi a política da Hierarquia Espiritual a de manter a humanidade informada sobre, e em contato com, todos os aspectos do conhecimento esotérico que podem ser seguramente divulgados e tornados exotéricos.

Por longos séculos isto tem sido possível, mas em um grau limitado. No último século, no entanto, mais informação foi dada, e mais conhecimento foi liberado, do que em qualquer outro momento da histórica da raça. Que isto é assim reflete a crescente compreensão do homem das leis internas mais sutis governando a aparência externa das coisas e eventos, e, ao mesmo tempo, sua sentida necessidade de exercer um papel totalmente consciente em sua própria evolução e desenvolvimento.

Estando, como estamos, no limiar de uma nova era, nós podemos esperar com confiança para uma liberação sem precedentes de ensinamentos anteriormente guardados que, quando absorvidos e compreendidos, lançarão uma luz maior nos mistérios do universo e da natureza do Ser do homem..." (pelo Mestre —, através de Benjamin Creme)

Este livro apresenta uma introdução a este grande corpo de sabedoria que está por detrás dos ensinamentos espirituais de todos os grupos, através das eras. Apenas descobrindo a fonte comum da qual todas as fés emergiram, os homens e mulheres verdadeiramente compreenderão sua fraternidade espiritual, como crianças do Único Pai – seja lá por qual nome eles O chamem.

English: "The Ageless Wisdom Teaching", 1ª edição 1996. "ISBN 90-71484-13-0 , 167 pp.

Portuguese: "Os ensinamentos da sabedoria eternal", 1ª edição 2017. ISBN 978-94-91732-07-2, 86 pp.

O despertar da humanidade
O Despertar da Humanidade é um volume associado ao O Instrutor do Mundo para Toda a Humanidade, de Benjamin Creme, publicado em 2007, que enfatiza a natureza de Maitreya como o Instrutor do Mundo, a Encarnação do Amor e da Sabedoria.

O Despertar da Humanidade foca no dia quando Maitreya Se declarará abertamente como o Instrutor do Mundo para a era de Aquário. Ele descreve o processo de emergência de Maitreya, os passos levando ao Dia da Declaração, e a resposta da humanidade a esta grandiosa experiência.

Quanto ao Dia da Declaração, o Mestre de Benjamin Creme diz: "Nunca antes os homens terão ouvido o chamado de sua divindade, o desafio de suas presenças aqui na Terra. Cada um, individualmente, e solenemente sozinho, saberá por este período de tempo, o proposito e significado de suas vidas, experienciarão novamente a graça da infância, a pureza da aspiração purificada do ser. Por estes preciosos minutos, os homens saberão novamente a alegria da total participação nas realidades da Vida, se sentirão conectados um ao outro, como a memória de um passado distante."

Este livro profético dá ao leitor esperança e expectativa para os alegres e transformadores eventos que estão a caminho.

English: "The Awakening of Humanity", 1ª edição 2008. "ISBN 13: 978-90-71484-41-4, 167 pp.

Portuguese: "O despertar da humanidade", 1ª edição 2017. ISBN 978-94-91732-09-6, 158 pp.

O instrutor do mundo para toda a humanidade
Maitreya, o Instrutor do Mundo, está pronto para emergir publicamente. Este livro apresenta uma visão geral deste grandioso evento: o retorno ao mundo cotidiano de Maitreya em Julho de 1977, e a gradual emergência do Seu grupo, os Mestres da Sabedoria; as enormes mudanças que a presença de Maitreya trouxe; e Seus planos, prioridades e recomendações para o futuro imediato. Maitreya é mostrado tanto como um Grande Avatar Espiritual e, ao mesmo tempo, um amigo e irmão da humanidade.

O conselho de Maitreya levará a humanidade a uma simples escolha. Ou continuar em nosso presente destrutivo modo de vida e perecer, ou aceitar de bom grado Seu conselho para inaugurar um sistema de partilha, garantindo a justiça, paz e a criação de uma civilização baseada na divindade interna de todos.

English: "The World Teacher For All Humanity", 1ª edição 2008. "ISBN 978-90-71484-39-1, 167 pp.

Portuguese: "O instrutor do mundo para toda a humanidade", 1ª edição 2017. ISBN 978-94-91732-08-9, 146 pp.

Transmissco: uma meditago para a nova era
A Meditação de Transmissão é uma forma de meditação grupal para o propósito de "levar abaixo" (transformar) energias espirituais que assim se tornam acessíveis e úteis ao público geral. É a criação, em cooperação com a Hierarquia dos Mestres, de um vórtice ou reservatório de elevada energia para o benefício da humanidade.

Introduzida em 1974 por Benjamin Creme sobre a direção de seu Mestre, esta forma de serviço, que é simples de se fazer, é ao mesmo tempo uma maneira poderosa de crescimento pessoal. A meditação é a combinação de duas yogas: Karma Yoga (yoga do serviço) e Laya Yoga (yoga da energia ou centros). Ela é um serviço no qual nós podemos estar envolvidos pelo resto de nossas vidas sabendo que estamos ajudando na evolução da humanidade para, e além, da Nova Era. Existem centenas de grupos de Meditação de Transmissão ativos em muitos países ao redor do mundo.

Neste prático e inspirador livro, Benjamin Creme descreve os objetivos, técnica e resultados da Meditação de Transmissão, assim como propósito por trás da meditação para o desenvolvimento do discípulo.

English: "Transmission: A Meditation for the New", 1ª edição 1983. 4ª edição 1998. ISBN 90-71484-17-3, 204 pp.

Portuguese: "Transmissco: uma meditago para a nova era", 1ª edição 2017. ISBN 978-94-91732-06-5, 262 pp.

The Reappearance of the Christ and the Masters of Wisdom

Em seu primeiro livro, Benjamin Creme dá o plano de fundo e informação pertinente ao que diz respeito a emergência de Maitreya (o Cristo), como o Instrutor do Mundo, para a Nova Era agora nascendo. Esperado sobre diferentes nomes por todos os grupos religiosos, Maitreya vem para nos ajudar a criar cooperação entre as muitas facções ideológicas, galvanizar a boa vontade e partilha do mundo, e inspirar profundas reformas políticas, sociais, econômicas e ambientais. Benjamin Creme coloca o mais profundo evento dos últimos 2.000 anos em seu correto contexto esotérico, e descreve que efeito a presença do Instrutor do Mundo terá tanto nas instituições do mundo e na pessoa comum. Através de seu contato telepático com um Mestre da Sabedoria, Creme oferece revelações sobre tais assuntos como a alma e reencarnação; medo da morte; telepatia; meditação; energia nuclear; antigas civilizações; ÓVNIs; problemas do mundo em desenvolvimento; uma nova ordem econômica; o Anticristo; e o "julgamento final".

English: 1ª edição 1979, ISBN 0-936604-00-X, 254 pp.

Messages from Maitreya the Christ

Durante anos de preparação para Sua emergência, Maitreya deu 140 Mensagens através de Benjamin Creme durante palestras públicas em Londres de 1977 a 1982. O método usado foi ofuscamento mental e um contato telepático conseqüentemente desenvolvido.

As mensagens de Maitreya sobre partilha, cooperação e unidade inspiram leitores a espalharem as notícias do Seu reaparecimento e em trabalhar urgentemente para o resgate de milhões sofrendo de pobreza e fome em um mundo de plenitude. Na Mensagem Nº 11, Maitreya diz: "Meu Plano é o de mostrar à vocês que o caminho para fora de seus problemas é escutar novamente a verdadeira voz de

Deus dentro de seus corações, partilhar os produtos deste mundo dos mais caridosos entre seus irmãos e irmãs em todos os lugares..." (5 de Janeiro de 1978)

As palavras de Maitreya são uma fonte única de sabedoria, esperança e socorro neste tempo crítico de mudança mundial, e quando lidas em voz alta, estas profundas, e mesmo assim simples Mensagens, invocam Sua energia e benção.

English: 1ª edição Vol I 1981, Vol II 1986, 2ª edição combinada 1992, reimpresso em 2001. ISBN 90-71484-22-X, 286 pp

A Master Speaks
A humanidade é guiada por trás das cenas por um altamente evoluído e iluminado grupo de homens Que nos precederam sobre o caminho da evolução. Estes Mestres da Sabedoria, como Eles são chamados, dificilmente aparecem abertamente, mas normalmente trabalham através de Seus discípulos--homens e mulheres que influenciam a sociedade através de seus trabalhos na ciência, educação, arte, religião, política, e em cada departamento da vida.

O artista Britânico Benjamin Creme, é um discípulo de um Mestre com o Qual ele está em contato telepático próximo. Desde o lançamento da *Share International*, a revista da qual Benjamin Creme é editor, seu Mestre contribuiu com cada edição com um artigo inspirador sobre uma ampla gama de assuntos: razão e intuição; a nova civilização; saúde e cura; a arte de viver; a necessidade por síntese; justiça é divina; o Filho do Homem; direitos humanos; a lei do renascimento; o fim da fome; partilha para a paz; a ascensão do poder das pessoas; o futuro mais brilhante; cooperação – e muito mais.

O principal propósito destes artigos é o de atrair a atenção às necessidades do presente e imediato tempo futuro, e dar informação sobre os ensinamentos de Maitreya, o Mestre de todos os Mestres. A terceira edição contem todos os 223 artigos dos primeiros 22 volumes da *Share International*.

English: 1ª edição 1985. 3ª edição expandida 2004. ISBN 90-71484-29-7, 452 pp.

Maitreya's Mission, Volume Two
Este inspirador e acolhedor livro oferece nova esperança e orientação à um mundo em sofrimento no limiar de uma Era Dourada. Ele apresenta os ensinamentos de Maitreya, o Instrutor do Mundo, tanto no nível exterior, prático, e nos níveis internos, espirituais; Suas unicamente precisas previsões de eventos mundiais, que surpreenderam a mídia internacional; e Suas milagrosas aparições que trouxeram esperança e inspiração para muitos milhares. Ele também contém uma série de entrevistas únicas com o Mestre de Benjamin Creme, que lança nova e reveladora luz sobre alguns dos maiores problemas que a humanidade encara.

Este livro cobre uma enorme gama de assuntos: os ensinamentos de Maitreya; o crescimento da consciência; novas formas de governo; comercialização e forças de mercado; o princípio da partilha; vida na Nova Era; escolas sem muros; a Tecnologia da Luz; círculos nas plantações; o Ser; telepatia; doença e morte; energia e pensamento; Meditação de Transmissão; o propósito da alma. Também inclui transcrições de inspiradoras palestras de Benjamin Creme sobre "A Superação do Medo" e "O Chamado do Serviço."

English: 1ª edição 1993, reimpresso em 2004. ISBN 90-71484-11-4, 753 pp.

Os Ensinamentos da Sabedoria Eterna
Uma visão geral do legado espiritual da humanidade, esta brochura serve como uma introdução concisa e fácil de se entender aos Ensinamentos da Sabedoria Eterna. Ela explica os preceitos básicos do esoterismo, incluindo: fonte de Ensinamento; a emergência do Instrutor do Mundo;

renascimento e reencarnação; a Lei de Causa e Efeito; o Plano de evolução; origem do homem; meditação e serviço; mudanças futuras. Também inclui um glossário esotérico e uma lista de leitura recomendada.

English: 1ª edição 1996, reimpresso em 2006. ISBN 978-90-71484-13-1, 76 pp.

Maitreya's Mission, Volume Three
Benjamin Creme apresenta uma incentivadora visão do futuro. Com Maitreya, o Instrutor do Mundo, e Seus discípulos, os Mestres da Sabedoria abertamente oferecendo Suas orientações, a humanidade criará uma civilização digna de seu potencial divino. Paz será estabelecida; partilha dos recursos do mundo a norma; manter o nosso meio ambiente uma prioridade. A nova educação irá ensinar o fato da alma e a evolução da consciência. As cidades do mundo serão transformadas em centros de grande beleza.

Este livro oferece sabedoria inestimável sobre uma ampla gama de tópicos. Ele inclui as prioridades de Maitreya para o futuro, e entrevistas com um Mestre da Sabedoria sobre "O Desafio do Século 21". Ele explora o karma e a reencarnação, a origem da humanidade, meditação e serviço, o Plano de evolução, e outros conceitos fundamentais dos Ensinamentos da Sabedoria Eterna. Ele inclui um olhar fascinante de um ponto de vista esotérico, da perspectiva espiritual, de dez artistas famosos – entre eles, da Vinci, Michelangelo e Rembrandt – por Benjamin Creme, ele mesmo um artista.

Como os dois primeiros volumes de *Maitreya's Mission*, este trabalho combina profundas verdades espirituais com soluções práticas aos problemas mais incômodos de hoje. Ele é na verdade uma mensagem de esperança para a humanidade, pronta para "começar a criação de uma civilização como o mundo nunca viu antes."

English: 1ª edição 1997. ISBN 90-71484-15-7, 704 pp.

The Great Approach: New Light and Life for Humanity
Este livro profético se encaminha aos problemas de nosso mundo caótico e a sua gradual mudança sobre a influência de um grupo de homens perfeitos, os Mestres da Sabedoria, Que, com Seu líder Maitreya, o Instrutor do Mundo, estão retornando abertamente ao mundo pela primeira vez em 98.000 anos.

O livro cobre tópicos como: partilha, os EUA em um dilema; conflitos étnicos; crime e violência; meio ambiente e poluição; engenharia genética; ciência e religião; a natureza da luz; saúde e cura; educação; milagres; a alma e encarnação. Uma síntese extraordinária de conhecimento, ele lança um farol sobre o futuro; com visão clara ele prevê nossas mais elevadas realizações do pensamento, afim de revelar as incríveis descobertas científicas que estão adiante. Ele nos mostra um mundo no qual a guerra é uma coisa do passado, e as necessidades de todos são satisfeitas.

English: 1ª edição 2001. ISBN 90-71484-23-8, 320 pp.

The Art of Co-operation
The Art of Co-operation lida com os problemas mais urgentes de nosso tempo, e suas soluções, do ponto de vista dos Ensinamentos da Sabedoria Eterna que, por milênios, revelaram as forças subjacentes ao mundo exterior. Benjamin Creme traz estes ensinamentos à atualidade, preparando o caminho para a eminente emergência de Maitreya, o Instrutor do Mundo, e Seu grupo de Mestres da Sabedoria.

Este volume olha para um mundo preso em antiga competição, tentando resolver seus problemas por métodos antigos e ultrapassados, enquanto que a resposta – cooperação – está em nossas mãos. Ele mostra o caminho para um mundo de justiça, liberdade e paz através de uma crescente apreciação da unidade subjacente à toda vida. Maitreya irá nos inspirar à esta crescente percepção.

Tópicos incluem: a necessidade por cooperação; os EUA e a competição; organismo contra organização; oportunidade para serviço; medo da perda; karma; amor; coragem e desapego; superação do glamour; como os Mestres ensinam; unidade na diversidade; consenso; confiança.

English: 1ª edição 2002. ISBN 90-71484-26-2, 235 pp.

Maitreya's Teachings: The Laws of Life
Nós não temos nem fragmentos dos ensinamentos dos anteriores Instrutores do Mundo dados anteriormente a um certo conhecimento de Suas existências. Nós não temos os ensinamentos de um Cristo, ou um Buda, ou um Krisnha, com exceção daqueles vistos através dos olhos de seguidores posteriores. Pela primeira vez é nos dado o sabor dos ensinamentos e revelações de um Ser de incomensurável estatura, afim de nos permitir compreender o caminho da evolução se desenrolando a nossa frente que Ele veio delinear para nós. A impressão deixada em mente pelo Instrutor é a de que a amplitude, a profundidade de Seu conhecimento e consciência não têm limites; que Ele é tolerante e sábio além da imaginação, e de uma humildade impressionante.

Poucos poderiam ler estas páginas sem se transformarem. Para alguns, as revelações extraordinárias sobre os eventos mundiais serão de maior interesse, enquanto que para outros, a revelação dos segredos da autorealização, a simples descrição da verdade experienciada, será uma revelação. Para qualquer um procurando entender as Leis da Vida, estas revelações sutis e férteis irão levá-los rapidamente ao núcleo da própria Vida, e oferecer à eles um caminho simples levando ao alto da montanha. A unidade essencial de toda a vida é descoberta de uma maneira clara e cheia de sentido. Nunca, pareceria, as Leis pelas quais nós vivemos pareceram tão naturais e tão sem limites.

English: 1ª edição, 2005. ISBN 900-17484-31-9, 253 pp.

The Art of Living: Living Within de Laws of Life
Inspirado nos escritos de dois Mestres da Sabedoria, o Mestre Djwhal Khul e particularmente o próprio Mestre de Benjamin Creme, a Parte Um deste livro considera a experiência de viver como uma forma de arte, como pintura ou música. Para se alcançar um alto nível de expressão, são necessários tanto conhecimento e uma adesão à certos princípios fundamentais. Na arte da vida, é através da compreensão da grande Lei de Causa e Efeito, e da relacionada Lei do Renascimento, que nós alcançamos a calma, a inofensividade que leva à felicidade pessoal, corretas relações humanas e o correto caminho para toda a humanidade em sua jornada evolucionária.

Partes Dois e Três, "Os Pares de Opostos" e "Ilusão", propõem que é a posição única do homem no esquema evolucionário – o ponto de encontro do espírito e da matéria – que produz sua aparente luta sem fim, tanto dentro de si mesmo, como na vida exterior. Os meios pelos quais ele emerge da névoa da ilusão, e une esses dois aspectos de si mesmo em um Todo perfeito, é viver a própria vida com crescente desapego e auto-consciência objetiva.

English: 1ª edição 2006. ISBN 978-90-71484-37-7, 251 pp.

~~~~

Os livros acima foram publicados pela Fundação Share International (Amsterdã, Londres). A maioria deles foram traduzidos e publicados em Holandês, Francês, Alemão, Japonês e Espanhol por grupos respondendo à esta mensagem. Alguns também foram publicados em Chinês, Croata, Finlandês, Grego, Hebraico, Italiano, Português, Romeno, Russo, Esloveno e Sueco. Mais traduções estão planejadas. Livros, assim como fitas de áudio e vídeo, estão disponíveis em livrarias locais.

SHARE INTERNATIONAL

Uma revista única, contendo todo mês: informação atualizada sobre a emergência de Maitreya, o Instrutor do Mundo; um artigo de um Mestre da Sabedoria; expansões dos ensinamentos esotéricos; respostas de Benjamin Creme quanto a uma ampla variedade de tópicos e perguntas esotéricas; artigos por e entrevistas com pessoas na frente de mudanças mundiais progressivas; notícias de agências da ONU e relatórios de desenvolvimentos positivos na transformação de nosso mundo.

A *Share International* une as duas maiores direções do pensamento da Nova Era – a política e a espiritual. Ela mostra a síntese subjacente as mudanças políticas, sociais, econômicas e espirituais agora ocorrendo em uma escala global, e procura estimular ação prática para reconstruir nosso mundo sobre linhas mais justas e compassivas.

A *Share International* cobre notícias, eventos e comentários relacionados às prioridades de Maitreya: um adequado suprimento de alimento correto, casa e abrigo para todos, saúde e educação como direitos universais, e a manutenção do equilíbrio ecológico no mundo. *ISSN 0169-1341*

Versões da *Share International* estão disponíveis em Holandês, Francês, Alemão, Japonês, Romeno, Esloveno e Espanhol. Para informação sobre assinatura, contate o escritório apropriado abaixo.

Para as Américas do Norte, Central e do Sul,
Austrália, Nova Zelândia e as Filipinas
Share International USA
Caixa Postal 971, North Hollywood, CA 91603, EUA

Para o Reino Unido
Share International
Caixa Postal, 3677, Londres, NW5 1RU, Reino Unido

Para o resto do mundo
Share International
Caixa Postal, 41877, 1009 DB Amsterdã, Holanda

Extensiva informação e extratos da revista são publicados online em: **www.share-international.org** e **www.share-internationa.org/portuguese**

SOBRE O AUTOR*

O pintor e esoterista escocês Benjamin Creme esteve por mais de 40 anos preparando o mundo para o mais extraordinário evento na história da humanidade – o retorno de nossos mentores espirituais ao mundo cotidiano.

Benjamin Creme apareceu na televisão, rádio e filmes de documentários ao redor do mundo, e deu palestras na Europa Ocidental e Oriental, os EUA, Japão, Austrália, Nova Zelândia, Canadá, e México.

Treinado e supervisionado por muitos anos pelo seu próprio Mestre, ele começou seu trabalho público em 1974. Em 1982, ele anunciou que o Senhor Maitreya, o há muito aguardado Instrutor do Mundo, estava vivendo em Londres, pronto para Se apresentar abertamente quando convidado pela mídia mundial a fazê-lo. Este evento é agora eminente.

Benjamin Creme continuou a levar adiante sua tarefa como mensageiro desta notícia inspiradora. Seus livros, dezesseis no presente, foram traduzidos para muitas línguas. Ele também foi o editor da revista Share International, que circula em mais de 70 países. Ele nunca aceitou dinheiro por este tipo de trabalho.

Benjamin Creme viveu em Londres, foi casado, e teve três filhos, tendo falecido em 24 de Outubro de 2016.

www.ingramcontent.com/pod-product-compliance
Lightning Source LLC
Chambersburg PA
CBHW060756050426
42449CB00008B/1427